小学劳动教育
教/学/指/南

XIAOXUE LAODONG JIAOYU
JIAOXUE ZHINAN

江净帆　刘　君 / 主编

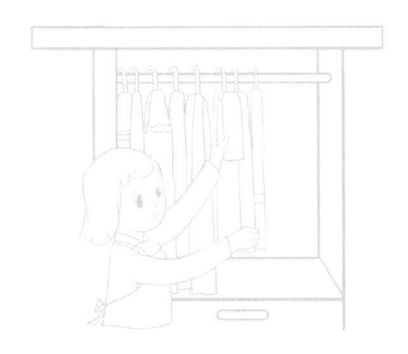

四川大学出版社

图书在版编目（CIP）数据

小学劳动教育教学指南 / 江净帆，刘君主编. — 成都：四川大学出版社，2023.10
ISBN 978-7-5690-6447-6

Ⅰ.①小… Ⅱ.①江… ②刘… Ⅲ.①劳动课－小学－教学参考资料 Ⅳ.① G624.93

中国国家版本馆 CIP 数据核字（2023）第 199943 号

书　　名：小学劳动教育教学指南
　　　　　Xiaoxue Laodong Jiaoyu Jiaoxue Zhinan
主　　编：江净帆　刘　君

选题策划：余　芳
责任编辑：余　芳
责任校对：于　俊
装帧设计：墨创文化
责任印制：王　炜

出版发行：四川大学出版社有限责任公司
　　　　　地址：成都市一环路南一段 24 号（610065）
　　　　　电话：（028）85408311（发行部）、85400276（总编室）
　　　　　电子邮箱：scupress@vip.163.com
　　　　　网址：https://press.scu.edu.cn
印前制作：成都墨之创文化传播有限公司
印刷装订：四川盛图彩色印刷有限公司

成品尺寸：170 mm×240 mm
印　　张：17.5
插　　页：1
字　　数：252 千字

版　　次：2023 年 10 月 第 1 版
印　　次：2023 年 10 月 第 1 次印刷
定　　价：86.00 元

本社图书如有印装质量问题，请联系发行部调换

版权所有 ◆ 侵权必究

扫码获取数字资源

四川大学出版社
微信公众号

编委会

主　编：江净帆　刘　君
副主编：魏显勇　史宇佳　余　瑶　张　雪　饶　玮
　　　　邱春莉　龙承建　唐　颖　田　穗　廖绪琳
编　委：滕　艳　苏　芮　管晓芸　高　雪　戴　余
　　　　邓淑鑫　郑鹏程　邱媛媛　杨佳玲　陶　娜
　　　　吴诗雨　刘雨桐

前 言
PREFACE

劳动既是人的基本存在方式，也是人类特有的社会实践活动。2018年，习近平总书记在全国教育大会上提出，我国各级各类学校要培养德智体美劳全面发展的社会主义建设者和接班人。2020年，《中共中央 国务院关于全面加强新时代大中小学劳动教育的意见》《大中小学劳动教育指导纲要（试行）》相继颁发，为开展新时代劳动教育提供了行动指南和根本遵循。劳动教育既是新时代党对教育的新要求，也是中国特色社会主义教育的重要内容，更是全面发展教育体系的重要组成部分。

劳动是什么？劳动和劳动教育有什么区别？小学劳动教育的特质是什么？小学劳动教育应该如何组织实施和创新评价？这些都是当前开展小学劳动教育实践亟须回应的问题。以"服务0～12岁儿童成长"为办学特色的重庆第二师范学院携手重庆市珊瑚鲁能小学校，基于行动研究的理论与实践成果，编撰了《小学劳动教育教学指南》。本书分为理论篇和实践篇。理论篇旨在普及劳动教育相关基本理论知识，为小学一线教师开展劳动教育实践提供理论指导，内容分为认识劳动、小学劳动教育、小学劳动教育设计与实施三个部分；实践篇则系统梳理重庆市珊瑚鲁能小学校全学段日常生活劳动、生产劳动和服务性劳动三大类别，生活自理、家务分担、亲情共建、种植、养殖、手工制作、校园服务、职业体验和社区公益九个项目的劳动教育特色实践，为小学广泛开展校本特色劳动教育提供实践参考。各个项目均含有项目说明、递进式教学实践图、教学实施计划表、主题活动实施方案等具体内容。

  本书由重庆市创新领军人才、巴渝学者江净帆教授和重庆市骨干教师、重庆市劳动教育优秀校长刘君主编，编撰工作得到重庆市社会科学规划英才计划项目"儿童启蒙师资创新培养研究"（课题编号：2021YC023）的资助和重庆第二师范学院"6～12岁儿童发展协同创新中心"团队成员、重庆市珊瑚鲁能小学校全体教师的大力支持，在此诚致谢意。

  由于编撰时间较紧，编者能力有限，书中难免存在不足之处，敬请各位专家和读者批评指正！

编 者
2023 年 6 月

目 录
CONTENTS

理论篇 ·· 01

第一章 认识劳动 ·· 02
一、说说劳动是什么 ·· 02
（一）"劳动"二字的字源释义 ·························· 02
（二）现代"劳动"的基本概念 ·························· 03
二、劳动价值知多少 ·· 03
（一）劳动创造人类本身 ································· 03
（二）劳动书写文明历史 ································· 04
（三）劳动带来美好生活 ································· 04
（四）劳动赢得生命尊严 ································· 05
三、劳动形态真多样 ·· 06
四、人人应做劳动者 ·· 07
（一）"人人为我"与"我为人人" ···················· 07
（二）今天的学习者就是未来的劳动者 ················ 07
五、培养新时代的合格劳动者 ······························ 08
（一）更新观念，让劳动课程真正"开起来" ··· 08
（二）与时俱进，让教学内容不断"新起来" ··· 09
（三）积极探索，让实施路径逐渐"多起来" ··· 09
（四）以身作则，让教师自己率先"动起来" ··· 10

i

第二章　小学劳动教育 ……………………… 11

一、劳动教育承载中国梦 ……………………… 11
（一）劳动教育的愿景 ……………………… 11
（二）新时代劳动教育的新内涵 ……………… 12

二、小学劳动教育知多少 ……………………… 13
（一）小学劳动教育的目标 …………………… 13
（二）小学劳动教育的内容 …………………… 14
（三）小学劳动教育的形式 …………………… 16
（四）小学劳动教育的方法 …………………… 17

三、让孩子拥有幸福生活的能力 ……………… 22
（一）小学劳动教育怎样实施 ………………… 22
（二）小学劳动教育如何评价 ………………… 25

第三章　小学劳动教育设计与实施
　　　　——以重庆市珊瑚鲁能小学校为例 ……… 30

一、学校劳动教育的基础设施和条件 ………… 30
（一）学校劳动教育的场地条件 ……………… 30
（二）学校劳动教育的设施设备 ……………… 31

二、"动起来"的劳动教育理念内涵 ………… 31
（一）劳动教育的"亲历教育"理念 ………… 31
（二）"动起来"的劳动教育内涵 …………… 32

三、基于办学理念的劳动教育特点 …………… 32
（一）坚持劳动教育实施的自然性 …………… 32
（二）强化劳动教育条件的保障性 …………… 32
（三）优化劳动教育内容的系统性 …………… 32
（四）尊重学生劳动实践的主体性 …………… 33

四、学校劳动教育的目标设计 ················· 33
    （一）劳动教育的总体目标 ················· 33
    （二）劳动教育的阶段目标 ················· 34

五、学校劳动教育实施的基本原则 ············· 35
    （一）劳动目标育人化 ····················· 35
    （二）劳动参与普及化 ····················· 35
    （三）劳动任务真实化 ····················· 35
    （四）劳动课程常态化 ····················· 35
    （五）劳动教育持续化 ····················· 35

六、学校劳动教育的类别和项目 ··············· 36
    （一）劳动教育的内容体系 ················· 36
    （二）项目难度的螺旋上升 ················· 37

七、学校劳动教育的实施保障 ················· 38
    （一）实践平台 ··························· 38
    （二）师资配置 ··························· 38
    （三）课时安排 ··························· 38
    （四）课程体系 ··························· 39

八、学校劳动教育的考核评价 ················· 40

实践篇 ································· 41

第四章　日常生活劳动 ····················· 42
一、生活自理项目 ··························· 42
二、家务分担项目 ··························· 43
三、亲情共建项目 ··························· 43

项目1：生活自理 ························· 44
    一、生活自理项目递进式教学实践图 ········· 44

二、生活自理项目教学实施计划表 …………………… 45

三、生活自理项目主题活动实施方案 …………………… 56

 主题活动一：我是穿戴小能手 …………………… 56

  一年级主题活动：学穿衣：以"穿上衣"为例 …… 56

  二年级主题活动：会穿衣：以"穿鞋袜"为例 …… 58

  三年级主题活动：会搭配：以"为模特穿搭衣物"为例 …………………………………………… 60

  四年级主题活动：随季穿搭：以"春季穿搭设计"为例 …………………………………………… 61

  五年级主题活动：随场合穿搭：以"运动穿搭设计"为例 …………………………………………… 63

  六年级主题活动：穿出美：以"为你搭配衣物"为例 …………………………………………… 64

 主题活动二：我是小小营养师 …………………… 66

  一年级主题活动：学用餐具 …………………… 66

  二年级主题活动：学饮食：以"吃饭习惯海报设计"为例 …………………………………………… 68

  三年级主题活动：食物营养价值知多少 ………… 69

  四年级主题活动：会搭配食物：以"食物搭配"为例 …………………………………………… 71

  五年级主题活动：随季饮食：以"春季食谱设计"为例 …………………………………………… 72

  六年级主题活动：设计家庭菜单 ………………… 73

 主题活动三：我是整理小明星 …………………… 76

  一年级主题活动：学清洁：以"刷牙"为例 …… 76

  二年级主题活动：会整理：以"整理书包"为例 … 78

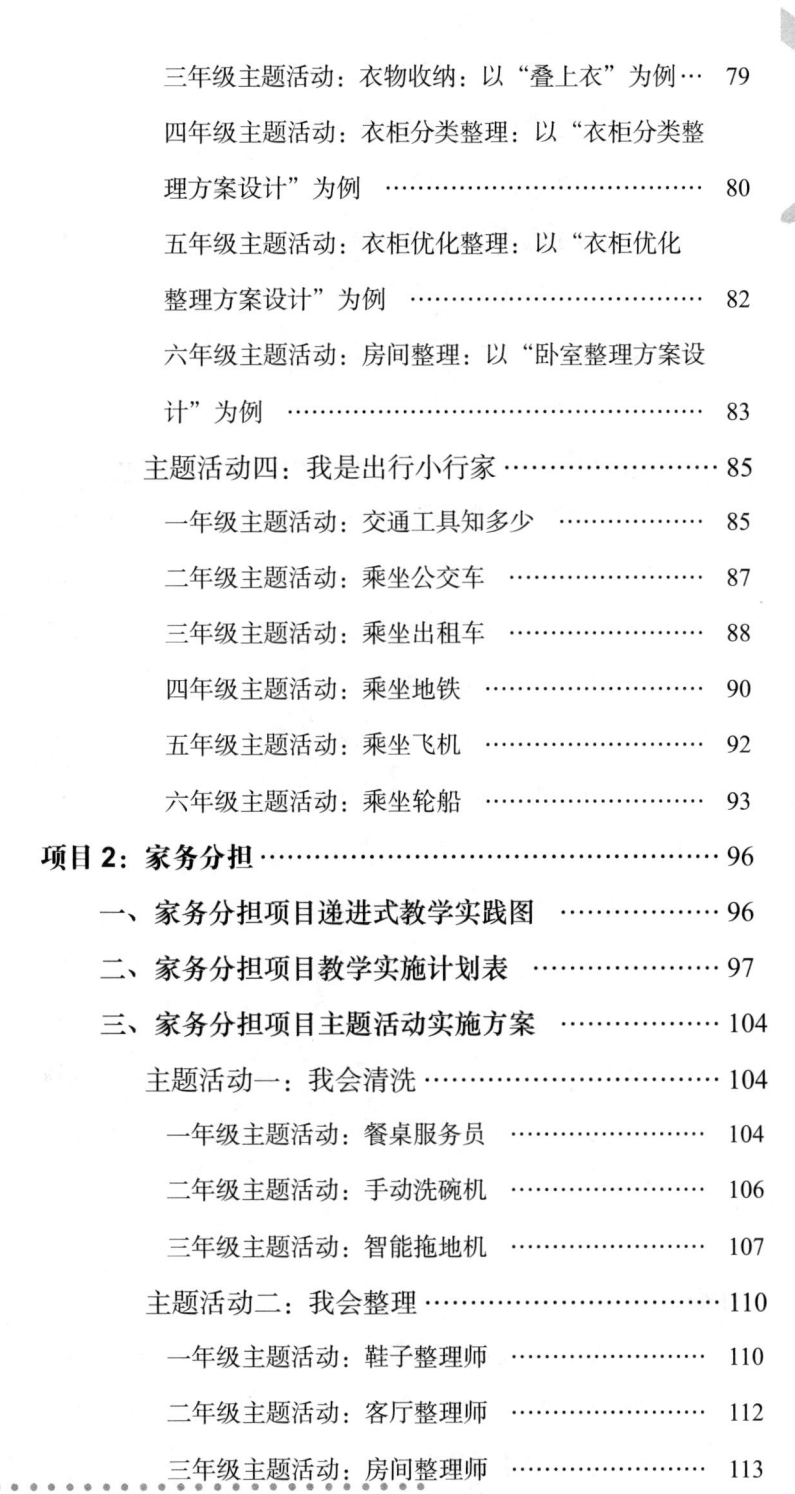

三年级主题活动：衣物收纳：以"叠上衣"为例……… 79

　　四年级主题活动：衣柜分类整理：以"衣柜分类整理方案设计"为例 ……… 80

　　五年级主题活动：衣柜优化整理：以"衣柜优化整理方案设计"为例 ……… 82

　　六年级主题活动：房间整理：以"卧室整理方案设计"为例 ……… 83

主题活动四：我是出行小行家……………… 85

　　一年级主题活动：交通工具知多少 ……… 85

　　二年级主题活动：乘坐公交车 ……………… 87

　　三年级主题活动：乘坐出租车 ……………… 88

　　四年级主题活动：乘坐地铁 …………………… 90

　　五年级主题活动：乘坐飞机 …………………… 92

　　六年级主题活动：乘坐轮船 …………………… 93

项目2：家务分担 ……………………………… 96

　一、家务分担项目递进式教学实践图 ……… 96

　二、家务分担项目教学实施计划表 ………… 97

　三、家务分担项目主题活动实施方案 …… 104

　主题活动一：我会清洗 …………………………… 104

　　一年级主题活动：餐桌服务员 …………… 104

　　二年级主题活动：手动洗碗机 …………… 106

　　三年级主题活动：智能拖地机 …………… 107

　主题活动二：我会整理 …………………………… 110

　　一年级主题活动：鞋子整理师 …………… 110

　　二年级主题活动：客厅整理师 …………… 112

　　三年级主题活动：房间整理师 …………… 113

主题活动三：我会烹饪……………………………115
　　　　一年级主题活动：择菜小帮手 ……………115
　　　　二年级主题活动：煮饭小能手 ……………117
　　　　三年级主题活动：小小"包"师傅 …………118
　　　　四年级主题活动：水果拼盘师 ……………120
　　　　五年级主题活动：小小面点师 ……………121
　　　　六年级主题活动：小小厨师 ………………123

项目3：亲情共建………………………………126
　　一、亲情共建项目递进式教学实践图 …………126
　　二、亲情共建项目教学实施计划表 ……………127
　　三、亲情共建项目主题活动实施方案 …………129
　　　　一年级主题活动：亲情阅读 ………………129
　　　　二年级主题活动：我为父母洗脚 …………130
　　　　三年级主题活动：我为长辈按摩 …………132
　　　　四年级主题活动：我为长辈泡茶 …………133
　　　　五年级主题活动：全家福大合影 …………135
　　　　六年级主题活动：今天我当家 ……………136

第五章　生产劳动……………………………138
　　一、种植项目 ……………………………………138
　　二、养殖项目 ……………………………………139
　　三、手工制作项目 ………………………………139

项目4：种植…………………………………140
　　一、种植项目递进式教学实践图 ………………140
　　二、种植项目教学实施计划表 …………………141
　　三、种植项目主题活动实施方案 ………………145

春季篇 ········· 146

- 全校春季主题活动：种植辣椒 ········· 146
- 一年级春季主题活动：种植土豆 ········· 148
- 二年级春季主题活动：种植茄子 ········· 150
- 三年级春季主题活动：种植花生 ········· 152
- 四年级春季主题活动：种植番茄 ········· 154
- 五年级春季主题活动：种植生姜 ········· 157
- 六年级春季主题活动：种植黄花 ········· 159

春夏之交篇 ········· 161

- 全校春夏之交主题活动：种植向日葵 ········· 161

秋季篇 ········· 163

- 全校秋季主题活动：种植青菜 ········· 163
- 一年级秋季主题活动：种植大蒜 ········· 165
- 二年级秋季主题活动：发绿豆芽 ········· 167
- 三年级秋季主题活动：发花生芽 ········· 169
- 四年级秋季主题活动：种植平菇 ········· 171
- 五年级秋季主题活动：种植萝卜 ········· 174
- 六年级秋季主题活动：种植苦菊 ········· 176

项目5：养殖 ········· 178

- 一、养殖项目递进式教学实践图 ········· 178
- 二、养殖项目教学实施计划表 ········· 179
- 三、养殖项目主题活动实施方案 ········· 180
  - 一年级主题活动：养仓鼠 ········· 180
  - 二年级主题活动：养兔子 ········· 181
  - 三年级主题活动：养蚕 ········· 183
  - 四年级主题活动：养鸡 ········· 185

　　　　五年级主题活动：养鸽子……………………186

　　　　六年级主题活动：养鹌鹑……………………188

　项目6：手工制作……………………………………190

　　一、手工制作项目递进式教学实践图……………190

　　二、手工制作项目教学实施计划表………………191

　　三、手工制作项目主题活动实施方案……………193

　　　　一年级主题活动：粘土花……………………193

　　　　二年级主题活动：大大小小的杯垫…………195

　　　　三年级主题活动：温暖的抱枕………………196

　　　　四年级主题活动：可爱的小包………………198

　　　　五年级主题活动：温暖的围巾………………200

　　　　六年级主题活动：葫芦画与创意……………201

第六章　服务性劳动…………………………………204

　一、校园服务项目……………………………………204

　二、职业体验项目……………………………………205

　三、社区公益项目……………………………………205

　项目7：校园服务……………………………………206

　　一、校园服务项目递进式教学实践图……………206

　　二、校园服务项目教学实施计划表………………207

　　三、校园服务项目主题活动实施方案……………210

　　　　一年级主题活动：班级事务、播音部服务……210

　　　　二年级主题活动：失物招领部服务…………212

　　　　三年级主题活动：常规部、体艺部、纪律部、卫生部、午餐部服务……………………………214

　　　　四年级主题活动：礼仪部服务………………216

　　　　五年级主题活动：护旗部服务 …………………… 218

　　　　六年级主题活动：护鱼部、计分管理部服务 …… 220

项目 8：职业体验 ……………………………………… 222

　　一、职业体验项目递进式教学实践图 …………………… 222

　　二、职业体验项目教学实施计划表 ……………………… 222

　　三、职业体验项目主题活动实施方案 …………………… 225

　　　　一年级主题活动：校园小导游 …………………… 225

　　　　二年级主题活动：一日修理工 …………………… 227

　　　　三年级主题活动：一日分餐员 …………………… 228

　　　　四年级主题活动：一日推销员 …………………… 230

　　　　五年级主题活动：一日足球小裁判 ……………… 231

　　　　六年级主题活动：一日茶艺师 …………………… 233

项目 9：社区公益 ……………………………………… 235

　　一、社区公益项目递进式教学实践图 …………………… 235

　　二、社区公益项目教学实施计划表 ……………………… 236

　　三、社区公益项目主题活动实施方案 …………………… 242

　　　　一年级主题活动：环卫小达人 …………………… 242

　　　　　　　　　　　　献爱心、送温暖 …………………… 243

　　　　二年级主题活动：环卫小达人 …………………… 244

　　　　　　　　　　　　献爱心、送温暖 …………………… 246

　　　　三年级主题活动：社区宣传员 …………………… 247

　　　　　　　　　　　　玩具义卖 …………………………… 248

　　　　　　　　　　　　爱心共建 …………………………… 249

　　　　四年级主题活动：图书馆志愿者 ………………… 251

　　　　　　　　　　　　垃圾分类 …………………………… 252

　　　　　　　　　　　　爱心共建 …………………………… 253

	交通安全小达人 ……………	254
五年级主题活动：社区小导游 ……………		255
	垃圾分类 ……………	256
	爱心共建 ……………	258
	义务交通协管 ……………	259
六年级主题活动：修理草坪 ……………		260
	衣暖人心 ……………	261
	爱心共建 ……………	262

理 论 篇
LI LUN PIAN

第一章
认识劳动

"劳动"是我们每个人耳熟能详的词语，我们自幼就开始参加劳动，咏唱劳动的赞歌。可是，究竟什么是劳动？为什么要赞美劳动？在人工智能高速发展的今天，我们是否还需要劳动？现在，就让我们带着这些问题一起走进劳动的世界，去认识劳动、理解劳动！

一、说说劳动是什么

"劳动"二字古已有之，经过漫长的历史演变，不同时代劳动被赋予了不同的含义。

（一）"劳动"二字的字源释义

"劳"是一个会意字，它的小篆字形为"勞"。《说文解字》是这样解释的："劳，剧也。从力，荧省。荧，火烧冂，用力者劳。"意思就是火烧到了房屋，用力救火者疲惫辛苦。还有一种观点认为"勞"的上面是焱（yàn），即"焰"的本字，表示灯火通明；中间是"冖"，表示房屋；下面是"力"，表示用力。所以"劳"这个字表示室内灯火通明，夜间还有人在劳作，真是辛苦啊！

"动"在《说文解字》里解释为："作也。"本义是行动，为实现一定意图而活动。它最早的字形见于秦汉篆书。西周时期是以"童"字代替。在楚国的帛书里就有"毋童群民"这样的话语，"童"在这里就读为"动"，它的本意为奴仆，以"童"作"动"大概就是因为僮仆要整天奔波劳碌为主人服役，无时不在劳动中。

通过对"劳动"二字的释义，可以看出这两个字都含有奋力以赴、积极行动、勤苦任事的意思，祖先们造字时就赋予了"劳动"二字深刻的含意。

（二）现代"劳动"的基本概念

现在，我们通常认为劳动就是创造物质财富和精神财富的过程。它是我们人类特有的社会实践活动，是我们每一个人维持生存和实现发展的唯一手段，也是人类社会生存和发展的基础。

二、劳动价值知多少

唐代诗人李绅的《悯农》描绘了烈日当空的正午，农民在田里劳作，那一滴滴的汗珠不断洒落在灼热的土地上的情形，告诉我们庄稼长成不易，是许多农民辛勤劳动、挥洒汗水才得来的。其实，除了粮食以外，我们穿的衣服、住的房子、乘坐的汽车等，都是劳动创造出来的。可以说，没有劳动就没有我们的一切，甚至没有我们人类的存在。

（一）劳动创造人类本身

你一定知道人类是从古猿进化而来的，但你或许不知道在这漫长的进化过程中，劳动起到了最主要、最关键的作用。

正是在维持生存、防御外敌的长期劳动中，古猿从森林走向陆地，前后肢有了明确的分工，前肢变成了手，后肢变成了脚，并逐渐习惯了直立行走。手脚分工，直立行走，手的使用才最后固定下来，经过漫长的岁月终于发展成了能够制造工具的手，而能够制造工具正是人和动物的根本区别。在这一过程之中，劳动还促进了猿的本能意识逐渐发展为人的意识。因为伴随着劳动中对自然界认识的加深，进化中的人类在劳动时需要进行协作交流的地方越来越多，产生了说话沟通与运用概念进行思维的需要，由此，语言的产生、思维能力的发展以及人类社会的产生也就成为必然。正如恩格斯在《劳动在从猿到人转变过程中的作用》一文中所说："首先是劳动，然后是语言和劳动一起，成了两个最主要的推动力，在它们的影响下，猿的脑髓就逐渐变成了人的脑髓。""劳动是整个人类生活的第一个基本条件，而且达到这样的程度，以致我们在某种意义上不得不说：劳动创造了人本身。"

（二）劳动书写文明历史

劳动不仅创造了人类本身，还书写了人类灿烂的文明历史。正是依靠劳动，人类才摆脱了蒙昧无知的蛮荒时代，一步步走向文明开化。

我们至今仍能在中国广袤的土地上看到无数伟大的劳动人民用智慧与汗水所创造的历史奇迹：雄伟壮观的万里长城，怀抱着祖国的大好河山，体现了一个民族抵御外侮的坚定决心；气势恢宏的故宫，屹立于世界宫殿之林，展示着中华民族独特的建筑美学；震撼人心的都江堰水利工程，将灾害频发的成都平原变成了天府之国，带来了一方的平安繁荣……而垒砌长城的一砖一石、修筑故宫的一檐一角、挖掘都江堰的一沟一渠，无不凝聚着祖先们的辛勤劳动。还有我们的"四大发明"、丝绸、瓷器等也都是古人们用不懈的劳动和无穷的智慧发明创造的。放眼世界，埃及的金字塔、印度的泰姬陵、法国的埃菲尔铁塔……也同样诞生于劳动人民勤劳的双手之下。可以说，正是劳动书写了辉煌的历史，创造了灿烂的文明。

（三）劳动带来美好生活

老舍先生在《养花》里写道："不劳动，连棵花也养不活，这难道不是真理吗？"的确，我们的生活离不开劳动，依靠劳动人类才脱离了饥寒，从茹毛饮血到刀耕火种，从手工劳作到机器生产，从衣不蔽体到富足安逸，美好的生活像花儿一样绽放。

就从日常生活来看，正是有了清洁工人凌晨四五点钟在路灯下的认真打扫，我们清晨才能愉快地走在干净的上学路上；正是有了快递员起早贪黑的奔波劳碌，我们才能安坐家中收到来自天南海北的物品；正是有了工人师傅的用心制造，我们才能坐上安全舒适的车辆；正是有了父辈们勤奋的工作，一代一代人才能衣食无忧地成长；正是有了科学家、工程师等许多人的辛勤劳动，我们才能享受到高铁、移动支付、共享单车、网络购物给生活带来的巨大便利。可以这样说，古人曾经认为遥不可及的日行千里、上天入地等梦想在今天已全部成为现实，这一切无不向我们昭示着这样一个真理：美好的生活要靠劳动创造！

（四）劳动赢得生命尊严

劳动创造历史、创造文明，为我们带来幸福美好的生活，也造就了劳动者最有意义的人生。各行各业的劳动者正是在各自的岗位上，依靠自己的劳动为社会、为他人做贡献，从而成就了自己精彩的人生，获得了生命的价值与尊严。

"最美奋斗者"王进喜，1923年10月8日出生于甘肃玉门赤金堡一个贫苦农民家庭。他6岁讨饭，10岁给地主放牛，15岁到玉门油矿做苦工，直到玉门解放。1950年春，他成为新中国第一代钻井工人，先后任司钻、队长等职。1958年9月，他带领钻井队创造了当时月钻井进尺的全国最高纪录，荣获"钢铁钻井队"称号。1959年9月，王进喜被评为全国劳动模范，光荣出席了全国工交群英会。群英会期间，他得知东北发现了大油田，异常兴奋，找到当时的石油部领导，积极要求参加石油大会战。1960年3月，他率队从玉门到大庆参加石油大会战，组织全队职工用"人拉肩扛"的方法搬运和安装钻机，用"盆端桶提"的办法运水保开钻，不顾腿伤跳进泥浆池，用身体搅拌泥浆压井喷，被誉为"铁人"。王进喜在创造巨大物质财富的同时，也给我们留下了宝贵的精神财富——"铁人"精神，受到了人们的尊重和敬仰。

雷锋曾经也说过："世界上最光荣的事——劳动，世界上最体面的人

——劳动者。"一个人唯有通过自己的劳动改变生活、服务社会，才能感受生命的价值，赢得生命的尊严。

三、劳动形态真多样

职业是劳动形态最直观的表征。人类的生活越精彩，劳动的形态就越丰富，职业类型也就越多样。人类社会最初的劳动形态是比较简单的，原始人居住在洞穴中，主要依靠狩猎、捕鱼、采集等劳动维持基本的生存，所从事的是部落的共同劳动。随着劳动经验的不断丰富，人类逐渐掌握了粮食种植和动物驯养技术，进入了农业文明时代。农业、畜牧业的发展也带动了越来越多行业的兴起，劳动分工不断细化，一些人开始专门或主要从事某种劳动并以此作为主要的生活来源，职业由此产生。

春秋时期的管子说："士农工商四民者，国之石（柱石）民也。"这告诉我们在管子生活的那个时代，士、农、工、商是最主要也是最重要的四种职业。唐代的时候，社会经济繁荣，市面上出现了肉肆行、扎作行、成衣行、药肆行、陶土行、鼓乐行、杂耍行等数十个行业，人们大致将其称为"三十六行"，这里面就包含着至少几十种职业类型。宋代的《清明上河图》、明代的小说《初刻拍案惊奇》、清朝乾隆时期的《百工图》更是向我们展示了各个时期的上百种乃至数百种职业。比如《初刻拍案惊奇》中就明确提到"三百六十行中人"，尽管这个"三百六十行"只是个概数，但也可以看出当时的劳动形态已经很丰富了。如今，人们的职业可远远不止三百六十种，按照2022版的《中华人民共和国职业分类大典》，我们国家目前的职业已多达1636个，这也证明了随着经济的发展，社会分工越来越细，劳动的形态日益多样，劳动的内涵和外延也不断丰富和拓展。

但是，尽管劳动形态在不断丰富和发展，却并不意味着过去的劳动形态会一直存在。随着生产力的不断发展，社会分工日趋精细，劳动形态日益复杂。一些旧的劳动形态在不断消亡，新的劳动形态在不断产生，比如电话接线员、走街串巷的卖货郎等职业现在几乎不再存在，而快递员、外卖员的队伍却在不断壮大。但我们要知道，无论劳动的形态特点怎样变化，劳动本身并没有三六九等之分。在田间挥汗如雨、在教室传道解惑、在手术台前治病救人、在斗室伏案疾书、在体坛赛场奋勇竞技、在家中扫地抹屋……这些都是劳动。每一种劳动都具有独特的价值与意义。正是因为有了这些丰富多彩的劳动形态，我们的生活才变得更加美好。

四、人人应做劳动者

劳动作为社会发展的基础，需要每一个个体的积极参与，不参与劳动的人生无法创造价值。

（一）"人人为我"与"我为人人"

"人人为我，我为人人"是我们在生活中经常听到的一句话。"人人为我"是说让别人为我着想，为我服务；"我为人人"则是说每个人心中都要有社会责任感，要用实际行动为他人着想，为社会服务。"人人为我"与"我为人人"并不矛盾，而是和谐统一的，用在人与人之间的劳动关系上也是这样。

日常生活中的吃穿住行里处处都有别人劳动的身影，我们每天都在享受着别人劳动创造的物质和精神财富，因此，作为一个社会个体也理当用自己的劳动为他人的生活做出贡献。营造和谐的社会，人人都应做光荣的劳动者。

（二）今天的学习者就是未来的劳动者

经常会有同学说："我们现在是学生，是学习者，不是劳动者。"是的，虽然说还身处校园的小学生现在还不具备和大人一样的劳动能力，主要是爸爸妈妈通过劳动抚养他们，他们主要的任务是学习。但是，他们总会长大，总有一天要离开父母去自食其力，要积极引导他们认识到现在学习知识就是为了将来能够更好地从事劳动，为自己和社会的发展贡献智慧与力量。因此，小学生作为今天的学习者，也是未来的劳动者，要正确认识劳动的意义，现在不光是要学习，还要进行一些力所能及的劳动，培养劳动习惯，习得劳动技能，为未来的工作打下基础。

五、培养新时代的合格劳动者

劳动推动了人类社会的进步。随着时代的发展、社会的变革，劳动的形态与特点也在不断发生变化。那么，承担着实施劳动教育，培养新时代合格劳动者重任的我们应该怎么办呢？

（一）更新观念，让劳动课程真正"开起来"

劳动是一切幸福的源泉，是实现人健康成长的重要基础。马克思在《资本论》中指出："未来教育对所有已满一定年龄的儿童来说，就是生产劳动同智育和体育的结合，它不仅是提高社会生产的一种方法，而且是造就全面发展的人的唯一方法。"然而在过去很长一段时间里，受"万般皆下品，唯有读书高"的传统观念影响和应试教育等现实环境影响，各级各类学校的劳动教育实际上处于一种"说起来非常重要，做起来十分次要"的状态。在许多教师心中，教好文化课才是第一重要的事，劳动课程与语数外等学科课程相比无足轻重，甚至一度淡出了人们的视野。由此，不开劳动课，变劳动课为自习课，学科课程挤占劳动课等现象普遍存在，造成了学生劳动意识的淡薄与劳动技能的缺失。所以，要切实开展劳动教育，教师自己就要先更新观念、提高认识，要真正理解劳动在强健体魄、引领价值、磨炼意志、增长技能等方面的育人功能，深刻认识教育与劳动生产相结合是社会主义学校的本质特征，劳动教育是新时代党对教育的新要求，是中国特色社会主义教育制度的重要内容，进而严格落实国家要求，确保劳动课程真正"开起来"。

（二）与时俱进，让教学内容不断"新起来"

科技的进步与时代的发展带来了劳动形态与劳动特征的新变化。作为教师，我们必须与时俱进，在坚持马克思主义劳动观的基础上不断丰富、更新劳动教育的具体内容，以适应新时代劳动教育的新要求。比如，现代科技为人们的生活创造了巨大便利，扫地机器人、擦窗机、洗碗机等越来越多地走进了普通家庭，代替了传统的家务劳动。既然如此，我们是否还需要学习家务技能？该如何正确看待科技与劳动的关系？这都是我们在教学中需要引导学生探讨的新问题。再比如，过去劳动课中的职业体验多是围绕工人、农民、营业员、清洁工等传统职业进行，而现在外卖员、修图师、自媒体工作者等新兴职业不断涌现，我们该怎样认识职业，怎样开展职业体验？新业态、新模式的产业企业需要学生具备的创新创造的劳动技能又该如何培养？诸如此类的问题都提示着我们有必要持续加强学习，全面关注和把握劳动形态、特点的发展变化，不断丰富、更新劳动教育的内容，从而激发学生学习兴趣，让学生面对真实的个人生活、生产和社会性服务情境，亲历劳动过程，通过观察思考，运用所学知识解决实际问题，提高劳动技能。

（三）积极探索，让实施路径逐渐"多起来"

劳动是创造物质财富和精神财富的过程，是人类特有的基本社会实践活动。《大中小学劳动教育指导纲要（试行）》对劳动教育提出了四个总目标，即"树立正确的劳动观念""具有必备的劳动能力""培育积极的劳动精神""养成良好的劳动习惯和品质"。这些目标显然无法单纯依靠劳动课程来完成，因此，我们必须积极探索创新，不断拓宽劳动教育的实施路径。例如，将劳动教育与学科教学有机结合，在学科教学的内容中、过程中有机渗透劳动教育；在开展校园文化建设时，通过氛围营造、劳动模范事迹宣讲等帮助学生树立劳动观念、感悟劳动精神；利用班会、队会开展新鲜有趣的活动，激发学生参与劳动的热情，让劳动教育不再是严肃的说教与重复的简单劳动；与家长积极沟通，改变家长观念，引导家长在日常生活中不包办代替，让孩子自己的事情自己做，同时自觉承担家务劳动，愿意主动为家人服务；与社区及有关企事业单位联动，搭建劳动实践的平台，为学生提供真实的劳动场景与劳动任务，切实培养劳动能力。

（四）以身作则，让教师自己率先"动起来"

　　学校是劳动教育的主阵地，教师是学校教育活动的主要实施者。习近平总书记在北京大学师生座谈会上指出："古人说：'师者，人之模范也。'在学生眼里，老师是'吐辞为经、举足为法'，一言一行都给学生以极大影响。"正因为此，教师必须以身作则，保持言行的高度一致。所以，开展劳动教育就不能只停留于口头说教，教师更应率先垂范，用自己的行为感染学生、带动学生。比如，要让学生学会尊重每一位平凡的劳动者，我们在学校对待保安、清洁工、食堂工作人员等就要首先做到客气有礼；要让学生懂得珍惜劳动成果，我们与学生一起就餐时，就必须带头将饭菜吃得干干净净；要让学生领会严谨、细致、求实的劳动品质，我们更要切实做到爱岗敬业、精心备课、认真教学……此外，为了让学生主动投身具体的劳动中，我们有时还应"躬身入局"，作为班级的一分子率先"承包"一项劳动。例如，"承包"每天的垃圾桶清理任务，当着学生做，也请学生监督。学生看在眼里，真切感受到教师对待劳动的态度与做法，就能受到触动，进而主动承担班级劳动任务，养成劳动的习惯，也掌握一些劳动的技能。

　　"人生两件宝，双手和大脑，一切靠劳动，生活才美好。"劳动是观念，也是行动；是精神，也是实践。劳动教育直接决定社会主义建设者和接班人的劳动精神面貌、劳动价值取向和劳动技能水平。亲爱的教师们，让我们积极行动起来，共同推动劳动教育的开展，培养新时代的合格劳动者吧！

第二章
小学劳动教育

一、劳动教育承载中国梦

（一）劳动教育的愿景

劳动教育是全面育人体系的重要组成部分，也是培养人的重要途径。重视劳动教育是中华民族的优良传统，更是马克思教劳结合思想指导下的社会主义教育的本质特征。习近平总书记站在实现中华民族伟大复兴的战略高度，在全国教育大会上首次提出把劳动教育纳入培养社会主义建设者和接班人的总体要求之中，历史性地把劳动教育从传统意义上促进青少年全面发展的有效途径提升为重要教育内容，形成德智体美劳全面培养的教育体系，明确了新时代加强劳动教育的思想指引。

1. 落实"五育并举"

劳动教育具有综合育人的价值，"五育并举"将发挥协同育人的作用。德育与劳动教育有机结合有助于解决德育虚化问题，在德育中引入社会公益劳动，在生产劳动中渗透德育，有利于学生端正生活态度和价值观，提高社会公德，增强社会责任感。智育与劳动教育相结合有助于学生从做中学，知行统一，学以致用，培养创造性劳动的能力。体育与劳动教育相结合有助于磨炼学生意志，培养公平竞争和团队合作精神。美育与劳动教育相结合有助于培养学生创造美的能力，让学生懂得劳动最美丽、劳动者最可爱、劳动成果最珍贵。

2. 培养工匠精神

劳动推动人类社会持续发展。劳动教育使人从实践中学习和运用社会积累的生产生活知识与技术，获得劳动技能、职业体验、社会经验，培养自我服务的技能以及认真、负责、创造性地对待劳动的态度。劳动教育使人热爱劳动、专注劳动、以劳动为荣，在劳动中体现价值、展现风采、感受快乐，使人生得到升华。

3. 创造美好生活

劳动教育是培养青少年运用知识与技能获得精神财富和物质财富的教育实践，旨在培养青少年尊重劳动、劳动人民和劳动成果，知稼穑之艰难，察民生之疾苦，培养青少年合作劳动、独立劳动、创造性劳动的能力，以及自食其力的本领。用辛勤劳动创造中国人民的美好生活，创造中华民族的美好未来。

4. 实现民族复兴

中国特色社会主义伟大事业需要依靠一代又一代中国人的辛勤劳动、持续奋斗来实现。青年一代有理想、有本领、有担当，国家就有前途，民族就有希望。我们生活在一个前所未有的物质丰裕的时代，劳动教育的独特价值并没有消失，反而在培养社会主义合格建设者和可靠接班人方面的作用愈显重要。新时代应更加强调幸福是奋斗出来的，应引导新时代学生形成正确的劳动价值观，培养学生的劳动情怀，提升学生的劳动技能，推动德智体美劳五个方面全面发展，为社会主义事业的持续发展和中华民族的伟大复兴提供坚实的人才保障。

（二）新时代劳动教育的新内涵

劳动教育是国民教育体系的重要内容，是学生成长的必要途径，具有树德、增智、强体、育美的综合育人价值。实施劳动教育重点是在系统的文化知识学习之外，有目的、有计划地组织学生参加日常生活劳动、生产劳动和服务性劳动，让学生动手实践、出力流汗，接受锻炼、磨炼意志，培养学生正确的劳动价值观和良好的劳动品质。

劳动教育的内涵紧跟时代发展步伐，把握时代发展脉搏，不断更新发展。从新中国成立初期培养有社会主义觉悟的有文化的劳动者，到改革开放初期培养社会所需的综合性人才，再到新时代培养德智体美劳全面发展的社会主义建设者和接班人，回应了"培养什么人、怎样培养人、为谁培养人"的根本性问题。切实加强劳动教育，努力把广大青少年培养成勤于劳动、善于劳动、热爱劳动的高素质劳动者，是新时代党和国家对教育的新要求，是中国特色社会主义教育制度的重要内容，是全面发展教育体系的重要组成部分，是大中小学必须开展的教育活动。

二、小学劳动教育知多少

（一）小学劳动教育的目标

"儿童的智慧出在他的手指头上"，学生在实践中学得越多，感悟得越深刻，就越能做到知行合一。劳动教育必须成为学生的必修课，小学生也理应成为劳动精神的学习者和弘扬者。

1. 树立科学的劳动价值观

正确理解劳动是推动人类发展和社会进步的根本力量，认识劳动创造人、创造价值、创造财富、创造美好生活的道理，尊重劳动，尊重普通劳动者，牢固树立劳动最光荣、劳动最崇高、劳动最伟大、劳动最美丽的观念，通过劳动教育帮助小学生形成崇尚劳动、尊重劳动、热爱劳动、珍惜劳动成果的思想观念。

2. 具有基本的劳动能力

掌握基本的劳动知识和技能，正确使用常见劳动工具，增强体力、智力和创造力，具备完成一定劳动任务所需要的设计、操作能力及团队合作能力。小学低年级围绕劳动意识的启蒙，让学生学习日常生活自理，感知劳动乐趣，爱惜劳动成果，知道人人都要劳动。小学中高年级围绕劳动习惯养成和劳动技能的运用，适当参加校内外公益劳动，学会与他人合作劳动，体会到劳动光荣。

3. 培养优良的劳动品德

劳动固然重要，但更重要的是以什么样的态度和方式去劳动，劳动教育其实也是人格教育。时代前进，技术进步，使得劳动自动化程度高了，体力劳动量轻了，劳动机会少了，现代的青少年享有先进的信息技术和充裕的物质资源，不需要经历"穷"和"苦"的煎熬，一些不珍惜劳动成果、轻视劳动、不想劳动、不会劳动的现象也出现了。应通过多种形式的劳动教育，让学生在劳动锻炼中传承艰苦劳动、辛勤劳动、诚实劳动的中华民族传统美德，弘扬创造性劳动的理念。

（二）小学劳动教育的内容

1. 生活劳动教育

劳动创造人，创造世界。只有以劳树德、以劳增智、以劳强体、以劳育美，儿童才能成长为全面发展的人。生活劳动教育的起点就是儿童的起居饮食、家务劳动和学校生活。通过生活劳动，孩子懂得自己的事自己干，不依赖父母和他人，养成勤俭节约和勤劳朴实的生活习惯，进而形成较强的生活适应能力。

小学生活劳动教育的内容可以划分为三个方面：一是劳动习惯教育。让学生有意识地主动参与劳动、理解劳动、投身劳动和热爱劳动，培养良好的劳动习惯。二是劳动技能教育。培养学生必要的生活和生产技能、初步的职业意识和创新意识，以及解决实际问题的能力。三是劳动精神。将劳动教育融入校园文化、生活常识、家政知识等方面，以多种形式对学生进行劳动思想熏陶，塑造学生"劳动最光荣、劳动最崇高、劳动最伟大"的劳动价值观。

2. 生产劳动教育

生产劳动教育是人通过劳动维持生存并改变自身的教育，是人在参与由社会分工所决定、符合一定社会生产目的、与财富和创造直接或间接相关的各类劳动中，在不断提升生活层次的过程中，关注自我、反思自我、完善自我，不断接受社会生产中的新知识、新技能和新思维的教育。

小学生产劳动教育可划分为三种类型：一是科学意识教育。开展适应社会大生产的、与工业劳动技能相关的科学劳动教育，通过科学技术活动和实践，培养小学生的基础性科学素养与科学意识。二是科学知识教育。学校为学生提供现代信息技术、人工智能等方面的科学技术知识，促使小学生尊重科学、理解科学、投入科学研究，运用科学的方式解决劳动的问题，掌握开展生产活动的科学方法，培养科学思维能力。三是科学精神教育。学校提供劳动知识运用的场域和机会，支持小学生将科学融入学习和生活中，体会、探究科学知识和科学方法所蕴含的核心理念与基本价值，树立科学精神，坚定为建设科技强国而学习的信念。

3. 服务性劳动教育

服务性劳动教育是推动学生接触社会、深入生活、参加各种形式的公益劳动，用自己所学到的知识提供服务，不断提高实践能力与道德素养，培育为人民服务、为公众谋利的良好思想品德的教育。

小学服务性劳动主要包括校园服务（校园维修、花草打理等）、社区服务（志愿者等）、社会服务（捐赠、义卖等），在育人过程中具有重要的功能。一是服务性劳动是开展素质教育的有效载体，学生在劳动过程中体验到了协作的快乐，了解了社会，增长了知识、技能，养成了正确的社会意识和人生观。二是参与服务性劳动是学生成长成才的需要，引导学生积极参加公益劳动，能够激发他们的探索潜能，促进儿童身心健康和谐发展。三是开展服务性劳动是深化德育的需要，在服务性劳动中培养学生主动参与公共活动的习惯、活动组织能力和奉献精神，促使学生在真实生活中培育新时代的世界观和价值观。

（三）小学劳动教育的形式

1. 劳动课程

课程是学校进行劳动教育的重要载体和形式，学校设置每周不少于1课时的劳动教育课程。由于劳动本身也是一种实践活动，需要学生亲身参与、亲自体验，在参与中感悟，在体验中进行创新与创造，因此，劳动课程应凸显实践化导向，在课程中让学生学会劳动，形成劳动意识，掌握劳动技能，尊重劳动成果，养成劳动精神，逐渐成长为真正的建设社会主义事业的劳动者。

2. 学科渗透

在语文、艺术、小学道德与法治等学科教学中融入劳动创造人本身、劳动创造历史、劳动创造世界、劳动不分贵贱等马克思主义劳动观，融入勤劳、节俭、艰苦奋斗等中华民族优良传统内容的学习，加强对学生辛勤劳动、诚实劳动、合法劳动的教育。数学、科学、综合实践、体育与健康等学科注重培养学生劳动的科学态度、规范意识、效率观念和创新精神。

3. 校内劳动

在学校日常运行中开展劳动教育，积极组织学生参与小学卫生保洁和绿化美化，普及校园种植。开辟专门区域种植花草树木或农作物，让学生认领绿植或"责任田"，予以精心呵护。大力开展与劳动有关的兴趣小组、社团活动，进行手工制作、班务整理、室内装饰等实践活动。组织以劳动教育为主题的班队活动、手工劳技展演，提高学生劳动意识。通过营造劳动环境、明确劳动任务、关注教育评价等方式提升劳动教育实效。

4. 校外劳动

校外劳动是校内劳动的重要补充，是充分利用校外大环境、大课堂、大世界中的丰富资源，让学生更多地走进自然、亲近自然，走进社会、接触社会，体验农业、工业、商业和服务业的实践活动。在大环境、大课堂、大世界中，学生可以去感受农业生产劳动的每一个环节，感受农民劳动的辛苦和不易，学会一些基本的农业劳动技能，懂得珍惜劳动果实，学会尊重劳动成果；可以去感受工业生产劳动过程的现代化，理解生产、科技的进步与现代劳动之间的关系，学习现代社会的劳动知识、技能和精神；可以去商业和服务业领域从事与年龄相称的力所能及的劳动，促进学生更好地认识商品交易活动。校外劳动对学生发现自我职业兴趣、发展自我职业潜能有积极的意义。

5. 家务劳动

家务劳动具有重要的育人价值。孩子劳动知识与劳动技能的获得、劳动习惯的养成、劳动精神的形成都离不开家庭劳动教育。教育孩子自己的事情自己做，家里事情帮着做，弘扬优良家风，参与孝亲、敬老、爱幼等方面的劳动，让家长成为孩子家务劳动的指导者和协助者，营造良好的家庭劳动教育环境与氛围，让孩子在家里愿意劳动、乐于劳动、善于劳动，充分发挥家庭教育功能，形成劳动教育的合力。

（四）小学劳动教育的方法

开展劳动教育是新时代弘扬劳动精神、倡导劳动教育思想的集中体现，是对马克思主义教育思想的继承和发展。面向小学生开展的劳动教育是传授劳动知识和劳动技能、培养劳动情感、培育劳动态度、塑造劳动价值观的过程，选择适当的劳动教育方法是根本。

1. 讲授指导法

讲授法具有直接、高效、省时的优点，是传承已久并广泛使用的授课方法，也是劳动教育中不可或缺的教育教学方法之一，特别是劳动知识和劳动技能的传授离不开讲授法。一方面，开展劳动教育，需要向学生讲清楚事物的属性及其之间的内在联系，使得学生明确劳动主体、劳动客体、劳动对象、劳动工具的属性及其相互之间的关系；另一方面，讲授内容包括书本上的陈述性知识，也包括操作过程中的程序性知识，为劳动实践提供前期理论基础。在劳动教育中有效实施讲授法，需注意以下几个方面：

教师通过讲授法来有组织地、系统地引导学生对劳动的本体性知识进行整体掌握。第一，有组织地讲授材料，将劳动知识和其他学科知识进行融合，梳理出各项内容的内在结构和相互关系，围绕主题有组织地进行讲授，注重课程内容结构化。第二，保持讲授内容的进阶性，针对小学生身心发展的阶段性特征，教师在运用讲授法教学时要着重关注给学生呈现的内容是否符合学生的认知结构。第三，讲授要充分达到明理的效果，向学生讲清楚什么是劳动、为什么要养成热爱劳动的品格、劳动教育和社会主义建设者与接班人培养的关系。

教师在讲授劳动的经验性知识时，要帮助学生建立新旧知识的联结，学生已有的认知能够帮助其更好更快地获得与之相关的新知识和新技能。教师需联系学生先前已掌握的知识，并将其作为备课的重要内容。第一，在讲授中通过创设具体的情景，帮助学生提取原有的知识结构，以便学生对新知识产生探索的兴趣。第二，呈现超越先前知识、技能水平的引导性材料，激发学生探究新知识、新技能的欲望和动机。第三，通过正反例证，加强学生对新知识、新技能的本质属性的理解，从而较好地扩充学生的知识容量。

2.情境体验法

劳动教育是知行合一的过程。劳动教育不仅是知识和技能的学习，更是体验和知识生成的过程，以及能力的培养和情感、态度、价值观目标的实现。为此，一是要优选和用好情境素材。情境体验法真正追求的不是课堂的"精彩"，而是学生知行合一。教师要注重引导学生在有所体验后开展实际行动。劳动教育的情境要源于生活回归生活，让学生在劳动体验的过程中形成对劳动意义的价值判断、劳动成果的价值认同，对劳动方式进行选择。这不仅仅是巩固、运用、深化新知识和新技能的需要，也是学生养成好的劳动习惯、形成好的劳动品质，使劳动常态化而非偶然之举的需要。二是要综合运用各种教学方法。情境体验法往往要与讲授法、探究法等融合，还需借助新技术和新媒体。

劳动教育的价值取向是促进学生全面发展。劳动教育中的学习主体是学生，践行者也是学生。情境体验法不仅要成为课堂上的"亮点"，更要成为学生快乐成长和全面发展的"种子"。情境体验法追求的知行融合折射出体验教学的价值所在，即促进学生的快乐成长和全面发展。为此，要在课堂上建立和加强师生互动，让师生共历情境、共享体验成果。教师在运用情境体验法进行教学时，要让课堂焕发出生命的活力，让学生在课堂上"动起来"，激发学生的积极性、主动性和创造性，充分发挥学生的主体作用和教师的主导作用。教师是课堂的组织者和引领者，要引领学生通过多种方式自主地探究问题、主动获取劳动知识，提升学生在劳动中分析问题和解决问题的能力。在劳动教育过程中，教师的"导"要恰如其分、恰到好处，切不可过度。只有让学生有深刻的体验，才能达到情境教学的目的。

3."从做中学"法

"从做中学"的教育教学方法具有明显的实践性特点，学校的劳动教育运用这种方法进行教学是最为适切的。劳动是联系知识与现实生活的纽带，劳动教育的核心是"实践"，运用"从做中学"的劳动教育教学方法，并不是要让学生参加以创造物质财富为目的的生产性活动，而是要让学生参与服务于个人与他人的生活劳动和以生产实践为主的社会实践活动。

（1）劳动教育能够让学生获得充分的体验。在劳动教育中运用"从做中学"的教育教学方法，能充分发挥"做"对"学"的反馈和提升作用，"做"的过程重在经验的重组和对劳动者的改造。劳动教育的突出特点是劳动者直接参与活动。因此，在劳动教育中，教师要充分借助多样的劳动形式，让学生的眼、耳、口、鼻、手等感官获得充分体验，引导学生的成长和发展，使学生在劳动的过程中得到塑造，成为"做与创造"的主人。

（2）劳动教育应源于生活、服务于社会。"从做中学"强调教育即生活，以实际生活为出发点，用实际遇到的问题引发学生做事。生活中需要大量的劳动，劳动过程也蕴含着丰富的体验。因此，教师要有目的、有意识地借助劳动教育，引导学生解决劳动中遇到的困难，提高本领，增长才干，让劳动教育解决社会问题，服务社会。

（3）身体力行地"做"是劳动教育的主要形式。不论是生活劳动、生产性劳动还是服务性劳动，都是通过"做"来建立与自我、社会、他人直接的劳动关系。原汁原味的劳动是劳动教育的重要载体。比如，让低年级学生学会简单的生活劳动技能；让中高年级学生学会复杂一些的劳动技能，帮助同伴、帮助家庭。

4. 合作探究法

合作探究法倡导教学过程中学生的参与和合作，目的是加强对学生创造创新能力的培养。在劳动教育中，讲授劳动科学知识，强调情境体验和"从做中学"等，都在培养学生在劳动方面的探究能力。

人工智能的发展使出力出汗的劳动活动减少，但是让学生在探究活动中动脑动手，习得劳动知识，获得劳动智慧，反思劳动过程，能够弥补这一缺失。新时代还要求我们培养学生的合作精神，劳动是人与社会交往的中介，劳动教育可以通过改善教学环境、创造机会增进学生之间的合作，通过多种劳动形式培养学生的合作意识和技能，使其学会正确审视和妥善处理自己与他人、个体与集体、本国与他国之间的关系，提升其指向合作共赢的素质。

运用合作探究法进行劳动教育，必须重视问题情境的创设、学习共同体的讨论与对话，以激发学生的创造创新能力。

（1）教师要设计科学合理的劳动任务。劳动教育离不开具体的、由劳动任务驱动的教学过程。这要求我们要设置恰当的劳动任务，缺乏挑战性的、轻易可以完成的劳动任务不利于激发学生的探究欲望。有一定的难度的劳动任务可以使学生觉得探究有意义，愿意去探究，进而调动起学生学习劳动知识和劳动技能的积极性，激发学生探索劳动知识、思考劳动问题的兴趣。

（2）教师要构建真实的劳动情境。真实的劳动情境是学生对劳动产生探究兴趣的重要条件。构建真实的劳动情境，就是要创设真实的生产、生活情境，确保劳动任务是真实的，劳动过程是真实的，劳动目的是真实的，劳动果实是真实的。

（3）教师要提出真实的劳动问题。真实的问题才是需要解决的问题，才是有意义的问题。真实的劳动问题能激发学生的好奇心、探究欲和求知欲。教师要让学生不断产生主动学习的欲望，而不是让学生在知道相关劳动原理或答案的情况下，提出毫无意义的假设并展开探究。

（4）教师要提高劳动教育的探究性。在劳动教育过程中，师生互为主体。教师是劳动教育"教"的主体，学生是劳动教育"学"的主体。首先，教师的"教"要具有探究性，教师不应该将劳动知识或劳动技能灌输给学生，而应该通过创设真实的劳动问题，让学生通过探究与互动，自主建构新的知识。教师要认真研究劳动教育的对象、内容、方法、途径与手段。其次，学生的"学"要具有探究性。要关注学生解决问题过程中的学习感受和体验，让他们在探究过程中体验劳动知识与生活的联系，劳动知识的价值及获得劳动知识的快乐，从而不断激发他们学习劳动知识的兴趣，提升他们学习的主动性。要引导学生在探究劳动知识的过程中，通过查阅资料、分析材料以及提取有用信息，归纳探究体会与感受，表述所形成的探究结论，提高获取和解读信息的能力，增强调动和运用知识分析问题的能力。最后，教师要努力提高学生在劳动方面的合作能力，可以通过设置较为复杂的劳动任务，组织学生分组讨论或在实践中进行探索等，发挥每个学生的长处，解决依靠个体力量难以解决的复杂劳动问题。

三、让孩子拥有幸福生活的能力

（一）小学劳动教育怎样实施

1. 拓展家庭资源

家庭不仅是人生活和成长的场所，也是原初的"学校"。家庭生活中蕴含着丰富的劳动教育资源。在家庭生活中，衣食起居的方方面面都体现着劳动的价值、劳动的态度和劳动的技能。2020年3月，中共中央、国务院发布的《关于全面加强新时代大中小学劳动教育的意见》提出"家庭劳动教育要日常化"，从穿衣戴帽、铺床叠被到洗衣做饭、家电维修甚至房屋修缮、家庭理财等，均是可以开发利用的劳动教育资源，都可以被用来进行劳动教育。

家庭劳动教育资源可分为服务自我型劳动资源、服务家庭型劳动资源和服务亲友型劳动资源。

（1）服务自我型劳动资源。服务自我主要是指儿童在力所能及的范围内料理自己的生活、学习与人际事务。通过服务自我型劳动，孩子可以锻炼独立处事、自我管理和待人接物的能力，同时形成自主自立的品质，为踏上正确的人生之路奠定良好的观念与能力基础。在家庭劳动中可以循序渐进，从自己淋浴、换衣服、整理床铺，到帮助家长烹饪，做力所能及的家务活，逐渐增加难度。随着孩子年龄的增长，服务自我型劳动的内容也会随之扩展，包括自己做饭、洗衣、收拾锅碗瓢盆、使用家用电器、整理衣物等。父母和其他家庭成员在家庭生活中的经验、做法与示范，均是服务自我型劳动资源。

（2）服务家庭型劳动资源。服务家庭型劳动是指个体承担的为所有家庭成员服务的劳动，洗碗洗衣、做饭、打扫卫生等家务资源都是服务家庭型劳动资源。孩子在年龄适当时，可学习一些更复杂的技能，比如缝纫、烹饪等，还可以学习使用一些基本劳动工具，如螺丝刀、钳子、榔头、钢锯等，做一些简单的家庭整理、装饰，草木修剪和小物件修理等家务活。随着孩子年龄的增长和能力的提升，服务家庭型劳动资源将越来越丰富。

（3）服务亲友型劳动资源。服务亲友型劳动是指直接服务家庭成员和来访亲友的劳动，如照顾弟妹、家中长辈或患病家人，迎送客人，为客人端茶摆座，等等。这些劳动多带有伦理性和礼节性特征，所涉及的相应资源就是服务亲友型劳动资源。

除此之外，家庭可以利用的其他资源还包括参观劳动场所、亲子交流对话、接受文艺作品熏陶、讲述家国奋斗史等。

（1）参观劳动场所。参观劳动场所是最能感染人的方式，这是由劳动教育的情境性特征决定的。因此，城镇家庭的家长可带孩子去工厂生产车间和道路、桥梁、楼房等建设工程现场参观，让孩子认识各类生产设备，感受工人的劳动状态，学习劳动智慧。农村家长可带孩子去农田感受劳作的场景，适当体验锄草、施肥和庄稼收割等农活，在亲近泥土的过程中，孩子对劳动和劳动者的理解、认同与尊重便会油然而生。

（2）亲子交流对话。对劳动的深层理解可通过亲子间的对话来加深。交流对话是建立劳动观念、了解劳动基本知识、开阔劳动视野、加深劳动理解、增进劳动情怀的有效方式。在家庭中，对孩子进行劳动教育的交流对话，可深可浅，家长可选取合适的切入点，诸如某个职业的劳动特点，以及劳动意味着什么等。

（3）接受文艺作品熏陶。在摄影、电影、文学、雕塑等作品中，不乏生动的劳动场景，许多作品都展示了劳动者的风采。家长可以有意识地引导孩子观看、欣赏这类文艺作品，对孩子进行新时代的劳动教育。

（4）讲述家国奋斗史。家长结合自己家庭的奋斗史，给孩子讲祖辈劳动创业的故事，可让孩子了解生活的不易，感悟幸福生活都是奋斗出来的道理。讲国家的艰苦奋斗故事，可以激发孩子的爱国情怀，感悟劳动对国家富强、民族复兴的重要意义。

2. 挖掘学校资源

（1）制度资源。学校进行劳动教育的制度资源主要包含三个方面，即管理制度资源、培养制度资源和评价制度资源。管理制度资源主要是指在对学生的管理活动中，学校和班级对劳动教育所做的制度性规定，如扫地、擦黑板、门窗清洁等班级劳动规定和校园卫生、校门值日、美化校园等校级劳动规定。培养制度资源主要是指在劳动教育的开展过程中，学校为落实教学目标而制定的相关制度，做出的相关计划和安排，包括劳动教育教学计划、劳动教育督学安排等。评价制度资源主要是指在劳动教育开展过程中，学校为检验学生学习效果而制定的相关制度、提出的相关要求，包括过程性评价、结果性评价、量化评价等系列评价要求。

（2）课程资源。劳动课程是劳动教育的基本载体。劳动教育在学校被弱化的主要原因在于没有独立的劳动课程。劳动课程资源的开发对劳动教育具有重要的意义，学校创设劳动教育特色课程体系是进行劳动教育的主渠道。

（3）场地和设备资源。要高质量地进行劳动教育，仅有课程资源是远远不够的，还必须有充足的场地和设备资源。学校内部的场地和设备资源主要包括场地、工具、器材等。

（4）组织资源。劳动教育的组织资源是容易被忽视又处处存在的一种资源，它体现为对劳动教育资源的组织调配力。在校内，学生工作系统、教学工作系统、资产或后勤保障系统互相配合，组织开展劳动教育，组织课程与安排教师，协调场地和设备等。

（5）家长资源。家长群体中有各行各业的劳动者，其中不乏能工巧匠、劳动模范、科技精英、商界人士等，他们都是劳动者，身上蕴藏着丰富的可用于劳动教育的资源。家长的劳动观念、劳动情感、劳动知识与经验、劳动技术专长以及劳动故事、劳动业绩等，都是学校开展劳动教育的不竭资源。

3. 开发社会资源

除了家庭资源和学校资源，在城市的相关行业和农村的广阔天地中都蕴藏着丰富的劳动教育资源，它们都可以被开发和利用。

（1）产业资源。产业反映着劳动方式与劳动内容，产业流程的每一个环节都需要不同的劳动技能，具有不同的特点，它们都是劳动教育中可开发的资源。产业资源的聚集因区域而不同，因此，学校进行劳动教育所易获得的产业资源也因地而异。城市学校容易获得交通、通信、金融、旅游服务等方面的资源。农村学校较易获得农业、林业、渔牧业等方面的资源。

（2）区域资源。城区是一个地区各行各业最为集中的地方，为学校特别是城市学校开展劳动教育提供了丰富资源。在城区，银行、商场、医院、宾馆、高科技园区甚至菜市场等，都蕴藏着丰富的劳动教育资源。学校可以通过与机关部门、企事业单位建立合作关系，将有关单位的劳动内容开发为劳动教育课程。

（3）公益资源。劳动教育的公益资源是指可开发用于进行劳动教育的社会公益资源，如公益节目、公益行动、公益场馆、公益节日、公益广告，以及公益组织提供的劳动教育基地。公益资源是开展劳动教育的重要社会资源。图书馆、博物馆、科技馆、青少年文化宫等公益场馆可以给学校提供公益劳动岗位，而电视广播、网络媒体中的劳模事迹也可被用于劳动教育。

（4）研学资源。2016年教育部等11部门印发了《关于推进中小学生研学旅行的意见》，要求研学旅行要"依托自然和文化遗产资源、红色教育资源和综合实践基地、大型公共设施、知名院校、工矿企业、科研机构等……根据小学、初中、高中不同学段的研学旅行目标，有针对性地开发自然类、历史类、地理类、科技类、人文类、体验类等多种类型的活动课程"。由此可见，许多研学资源和研学课程本身就是劳动教育资源或具有劳动教育的功能。因此，将研学资源纳入劳动教育资源，在研学旅行中有机融入劳动教育，可以拓展劳动教育的空间。

（二）小学劳动教育如何评价

新时代的劳动教育具有新的内涵和新的形式，劳动教育并不仅限于对劳动情感、态度、价值观，以及劳动知识和技能的培养，它以整体的、综合的、协同的劳动素养的培养为目标，关注学生劳动价值观的形成，重视设计，强调操作，立足实践，注重创造，体现综合。劳动教育通过对学生的劳动观念、劳动意识、劳动能力和职业意识的培养，充分发挥综合育人的功能，促进学生德智体美劳全面发展。

劳动教育评价是劳动教育实施的重要环节，其目的是促进学生劳动素养的提升和素质的全面发展。劳动教育评价提倡学习结果与学习过程、劳动素养发展与整体素养发展的统一，既关注学生实践技能的习得、学习内容的掌握情况，又关注学生劳动知识、方法、态度的动态发展情况。在劳动教育中，对于学生学习过程的评价，应重视学生劳动价值观、情感和态度的形成，关注学习活动中劳动经验的积累、原理的运用、方法的融合、设计的创新、技能的迁移、文化的感悟等，形成促进学生劳动素养和整体素养提升的评价机制。

由此，根据劳动教育评价的理念和劳动教育实施的实际，劳动教育评价应以下列三种类型为主：基于素养标准的综合评价、基于学生经验的自主评价、基于学生发展的增值评价。

1. 基于素养标准的综合评价

学生通过接受劳动教育，形成劳动素养，从而为从容处理当前的生活问题、升学深造、进入职业世界做好准备。劳动教育与学生发展核心素养有着很强的内在一致性，总体目标上都指向人的全面发展。构建劳动素养的指标体系，依据劳动素养的内涵和水平对劳动教育进行评价是必要且可行的。

学生通过劳动教育课程的学习，具备了良好的劳动观念和积极的劳动精神，懂得了劳动的常识和知识，能够运用劳动的工具和方法，善于进行劳动和创造，即可以说具备了劳动素养。从本质上看，劳动素养是学生在劳动学习中情感、态度、价值观、知识与技能、过程与方法的综合实现，是学生在各种复杂、不确定的情境中通过劳动实践解决现实问题的能力。

劳动教育评价与传统的学科教育评价相比有一定区别，因此在开展劳动教育评价时应注意两点：

（1）素养导向的劳动教育评价在内涵上要有所拓展。基于劳动素养的评价，不仅关注劳动观念、劳动知识与技能的习得，更关注学生在复杂、不确定的劳动情境中的问题解决能力；不仅关注学生对劳动知识等的理解或应用，更关注学生综合运用各种劳动知识和技能主动创造劳动知识和成果；不仅关注学生学什么，更关注学生如何学；不仅关注学生个体学习，更关注学生在劳动项目中的团队合作和有效的沟通与交流；不仅包括考试中所能考查的学业成就，也包括课堂提问、日常观察、小组讨论、作业所指向的学业表现，以及成长记录档案袋等新型测评方式所涵盖的学习结果。

（2）素养导向的劳动教育评价应贯穿整个学习或教学过程。学校需转变评价观念，树立促进学生素养发展的新型评价观。以往教学关注学习过程，评价关注学习结果，教学或学习过程不被当作评价内容，但这是在以掌握知识为取向，以讲授为主的教学方式下人们对评价的理解。在素养为导向的学习和教学观下，学习是个体在与各种情境持续的社会性互动中，不断解决问题和建构意义的过程。教育或教学的功能，就在于选择和创设合理的情境，通过适当活动促进学习的发生，核心素养的发展渗透这种学习过程的始终。这就需要教师随时了解和评估每个学生的认识或理解、疑惑或困难，根据所得信息及时调整教学活动或任务。这样一来，评价就不再是教学过程结束后的事情，而是贯穿整个学习或教学过程。基于核心素养的劳动教育评价伴随着学习和教学过程，旨在促进学生劳动素养的全面发展。

2. 基于学生经验的自主评价

学生经过劳动实践，对劳动的过程、成果等有一定的认识，可以从其个人的主观角度对自身参与劳动的要素进行自主评价。

（1）自我评价。自我评价包括以下环节：在小组内展示，交流经验，根据实际情况填写评价表。

（2）他人评价。他人评价包括在小组内展示作品，进行评议，填写评价表。

（3）自我评价和他人评价相结合。两者相结合可以使评价内容更加全面和客观。这里的他人包括组内成员和班级成员，评价方式主要包含活动的经验交流、优秀作品展示等。

3. 基于学生发展的增值评价

增值评价作为发展性评价，关注学生的学习起点和教学过程，具有多因素、多层次、立体化的特点。在劳动教育中引入增值性评价，有利于学校和教师改变评价的理念，不仅关注学生当前的学习，也兼顾学生为将来学习所做的准备和潜在的能力发展。劳动教育增值评价具有以下四个特点：

（1）评价主体的多元性。与传统评价的单一主体相比，基于增值理论的评价要求多元主体共同参与评价，注重教师对学生的评价、学生对学生的评价、家长对学生的评价、社会对学生的评价等多主体评价的结合。就劳动教育而言，这要求不仅仅由任课老师来进行评价，还要让社会、企业、行业专家甚至学生本人参与评价。

（2）评价内容的全面性。传统的评价往往只注重对学生的知识水平进行评价，基于增值理念的评价则要求评价内容要体现全面性，尤其要突出能力和素养，评价内容应不局限于教材，要具有较大的灵活性。除了结果评价，基于增值理念的评价还关注学生的学习过程，关注学生在学习过程中能力、素养、品格的提升。

（3）评价方式的多样性。在传统的教育理念下，教师通过期末考试的形式一次性地对学生一门课程的学习情况进行评价，往往并不能真正体现学生的学习水平，也难以充分发挥评价的各种功能，取得较好的育人效果。基于增值理念的评价不局限于期末考试这一种评价方式，而注重评价方式的多样性，既包含学生的自我评价，又包含教师及其他主体的评价；既包含整体性的评价，也包含特色及创造性的评价；既包含定量评价，也包含定性评价。基于增值理念的评价强调针对内容选择评价的方式，讲究灵活多样，以期对学生的学习进行全面、客观、准确的评价，进而促进评价的各项功能得到充分发挥。劳动教育的评价方式应当灵活多样，可以采用产品展示、撰写心得体会、组织专题活动、相互交流、自我评价、作品评定、日常观察等形式。

（4）评价时间的连续性。传统理念下的评价往往只是在学习结束时进行，在此之前基本不进行评价。基于增值理念的评价则要求教师在学生学习的各个阶段都要进行评价，以实现评价的连续性。这样一方面可以让教师及时了解学生的学习状况，有针对性地改进教学中存在的问题，另一方面可以让学生在持续的评价中保持良好的学习态度，实现学业增值。

第三章
小学劳动教育设计与实施
——以重庆市珊瑚鲁能小学校为例

重庆市珊瑚鲁能小学校（以下简称珊瑚鲁能小学）秉承"珊瑚最红、孩子最亲"的办学理念，构建了五育融合的"亲历课程"体系，探索了以"动脑、动手、动心"为核心的"动起来"课堂教学改革，尤其是全程、全面、全方位推进劳动教育教学改革，形成了极具特色的小学劳动教育实践模式。

一、学校劳动教育的基础设施和条件

（一）学校劳动教育的场地条件

在学校建设之初，珊瑚鲁能小学就为开展劳动教育预留了足够的空间和场地。通过几年不断发展改进，学校已经开辟了多处劳动教育场地，为搞劳动教育提供了有力支持。学校建有面积达5000平方米的农场，主要用于果蔬栽培和蔬菜种植。学校农场已种植有脐橙300多株、枇杷树100多株、李子树50多株，为学生提供了开展果树培育全过程劳动实践机会。学校充分利用果园林下的土地开展立体农业实践，每个班都有一块农场，主要开展有土和无土两种条件的蔬菜种植。学校建有专门的养殖场，不同年级的学生可以开展不同类型的动物养殖。学校还建有1个荷塘，为学生体验莲藕种植和养鱼提供实践场地。

学校注重劳动教育和课程融合的平台建设，现已建有陶器制作教室两间、茶艺室两间，为陶艺特色劳动课程和茶艺特色劳动课程开展提供了充足的场地空间。此外，学校还建设了蘑菇厂房、科学创意劳动区、安装劳动体验区，为培养学生动手能力和激发学生创造力提供了支持。

（二）学校劳动教育的设施设备

"工欲善其事，必先利其器。"珊瑚鲁能小学根据劳动项目开展的需要，配置了一系列的设施设备，为学生开展劳动提供了有力支持。

陶艺教室配置了电动拉胚机30台，配置了专用的陶器烧制炉，每个孩子的陶艺作品都可以烧制保存。学校为每个班配置了泡菜坛，孩子们可以吃上自己动手制作的泡菜。管道安装区配置了20套管道安装设备，每个孩子都可以亲身体验装配的乐趣。为支持养殖，学校购买了养蚕盒、兔笼、鸡笼、鸽子笼、大型鱼缸；为支持种植，学校建设了上千米的无土栽培管道，购置了蘑菇种植的圈套设备和大量的菌包。

二、"动起来"的劳动教育理念内涵

（一）劳动教育的"亲历教育"理念

"亲历教育"是珊瑚鲁能小学基于基础教育教学改革需要提出的办学理念。学校倡导培养学生自主地参与、挑战、实现成长的意识，发展学生个性，使学生在亲自经历的行动过程中体验，在体验中反思，在反思中改变，在改变中成长，在成长中幸福。具体而言，"亲历教育"以"亲""历"二字取意，具有以下三大核心内涵："亲至"，即主体到场，强调行动主体突破文本置身于现实场域；"亲与"，即主体参与，强调行动主体主动参与以及群体体验；"亲善"，即主体成长，强调行动主体在体验中实现全面向善的成长。

（二）"动起来"的劳动教育内涵

基于"亲历教育"理念，珊瑚鲁能小学提出了"动起来"理念。"动起来"理念指向三个具体的行为要求：动心→动脑→动手。学校把劳动课程视为学生成长的巨大"动力"，注重激发学生热爱并参与劳动的"动机"，让学生"动心"，引导学生在劳动过程中亲身参与，亲历过程，通过"动手、动脑"开展"行动"，参加"活动"，最终推动学生劳动观念、劳动能力和劳动习惯的发展。

三、基于办学理念的劳动教育特点

珊瑚鲁能小学围绕立德树人的根本任务，以运动、阅读为重点，在实践中不断发展创新劳动教育，形成了小学劳动教育实践的鲜明特点。

（一）坚持劳动教育实施的自然性

学校从建校之初就注重劳动教育的开展，坚持学生德智体美劳全面发展，赋予了劳动教育应有的地位。2021年新修订的《中华人民共和国教育法》明确了"德智体美劳全面发展"的教育方针，很多教育者在欢呼"劳动教育的春天到来了"之时，珊瑚鲁能小学的劳动教育已积淀了厚实的基础。学校在劳动教育的组织设计中始终坚持为学生构建自然浸入、主动参与的全方位实施生态，让劳动教育自然融入教育教学和学生校园生活。

（二）强化劳动教育条件的保障性

珊瑚鲁能小学位于重庆市主城区，教育用地十分紧张，但学校坚持将劳动教育场地建设纳入教学场地整体统筹建设，在学校早期建设规划时就预留了广阔的劳动教育场地，充分保证了学校劳动教育开展的基础条件。

（三）优化劳动教育内容的系统性

劳动教育内容众多、开展形式多样，珊瑚鲁能小学聚焦劳动教育三大领域，充分考虑学生身心发展的阶段性特征，系统化建构九大项目，每个项目从一年级到六年级递进式安排具体任务。

（四）尊重学生劳动实践的主体性

珊瑚鲁能小学注重引导学生乐于参与、积极实践、主动发展。学校在劳动教育目标上贴近学生生活和发展实际需要，在内容上科学规划，注重与多学科的自然融合，在形式、方法上注重创新，让学生在轻松愉悦的氛围中主动参与劳动，在充满趣味的劳动中形成劳动实践的自觉。

四、学校劳动教育的目标设计

（一）劳动教育的总体目标

根据党的全面发展教育方针，结合2020年3月中共中央、国务院发布的《关于全面加强新时代大中小学劳动教育的意见》要求和2020年7月教育部印发的《大中小学劳动教育指导纲要（试行）》精神，珊瑚鲁能小学结合学校实际确立了"爱劳动、善劳动、恒劳动"的劳动教育目标（图3-1）。

图3-1 "动起来"劳动教育目标

1. 爱劳动

学生形成劳动光荣的劳动观念，形成劳动创造幸福、劳动创造美好生活的劳动精神，培养热爱劳动、尊重劳动者、珍惜劳动成果的劳动情怀。

2. 善劳动

学生掌握劳动的基本常识，初步掌握日常生活劳动、自我服务劳动、简单生产劳动的基本方法和技能，能够使用基本的劳动工具，在劳动中主动求知和探索，善于创新。

3. 恒劳动

学生形成积极的劳动态度，有劳动的主动性和责任感，"自己的事情自己做、家里的事情帮着做、集体的事情主动做"，能够持之以恒主动劳动，养成良好的劳动习惯。

（二）劳动教育的阶段目标

1. 低段劳动教育目标

培养学生热爱劳动，初步懂得人人都要劳动的道理，在自我服务中感知劳动乐趣，学会爱惜劳动成果，掌握基本的自我服务劳动技能。能够照顾个人生活起居，完成个人物品整理、清洗，参与简单的家庭清扫和垃圾分类等劳动，形成自己的事情自己做的基本意识，在实践中逐步提高生活自理能力。能够参与班级集体劳动，主动维护教室内外环境卫生等，有基本的集体荣誉感。能够在学校农场等劳动场所从事基本的种植活动，能进行简单手工制作，学会照顾身边的动植和植物，培养关爱生命、热爱自然的朴素情感。

2. 中高段劳动教育目标

在爱劳动基础上，学习劳动技能并善于劳动，在实践中培养持之以恒参与劳动的行为习惯和意志品质。劳动的范围从自我服务劳动拓展到基础生产劳动和社会服务劳动。以校园专题劳动和家庭劳动、社区服务和社会实践为主要内容开展劳动教育，体会劳动光荣，尊重普通劳动者，形成热爱劳动、热爱生活的态度，形成稳定的劳动意愿和良好的劳动习惯，参加劳动的主动性和自觉性进一步增强。能够更好地完成家务劳动，参与家居清洁、收纳整理、制作简单的家常菜等，每年学会一些新的生活技能，进一步增强生活自理能力，培养家庭责任感。积极参加校园农场种植、养殖，陶艺制作等生产性、创造性劳动，参与校园卫生保洁、垃圾分类处理、绿化美化等，同时适当参加社区环保、公共卫生等力所能及的公益劳动，增强公共服务意识并培养社会责任感。

五、学校劳动教育实施的基本原则

珊瑚鲁能小学根据劳动教育课程地位、目标要求、学校自身实践经验，提出了五条开展劳动教育的原则。

（一）劳动目标育人化

学校坚持"立德树人"，促进学生全面发展，建设相对独立的劳动教育课程体系，高度重视劳动教育和德育、智育、体育、美育的有机融合，以劳动塑造学生的品德，增长学生的智慧和才能，锻炼学生的身体，提升学生的审美能力。

（二）劳动参与普及化

学校坚持办优质公平的教育，整合各类资源强化硬件建设，尽可能让每一个孩子都获得公平接受劳动教育的机会，做到"一个都不能少"。

（三）劳动任务真实化

学校坚持"主题式"劳动教育项目建设思路，依托优势劳动项目，进一步完善果蔬种植、动物养殖、陶艺设计制作、收获节义卖、社区资源回收利用、校园服务等劳动项目，让学生真实、沉浸式地参与劳动，感受劳动的快乐和价值。

（四）劳动课程常态化

学校在建校之初即把劳动教育作为必修课程纳入课程计划之中，通过劳动课程实践全面推进校园劳动、校外劳动和日常家务劳动的开展，使劳动教育成为学校常态化的教育活动。

（五）劳动教育持续化

学校注重通过多种途径调动学生参与劳动实践的主动性和积极性，引导学生形成自主、自立、自觉的劳动意识，通过劳动教育评价制度改革和创新，引导学生劳动习惯的养成。此外，注重整合家、校、社等各方力量形成合力，推动劳动教育的持续开展。

六、学校劳动教育的类别和项目

小学阶段学生主要从事的劳动是自我服务劳动、家务劳动、简单的生产劳动和初步的社会公益劳动。为了更好地整合劳动教育内容，珊瑚鲁能小学运用系统思维，聚焦三大劳动领域，形成九大项目，每个项目在不同年级设置难度螺旋递进的内容，从而构成一个完整的系统劳动教育内容体系。

（一）劳动教育的内容体系（图3-2）

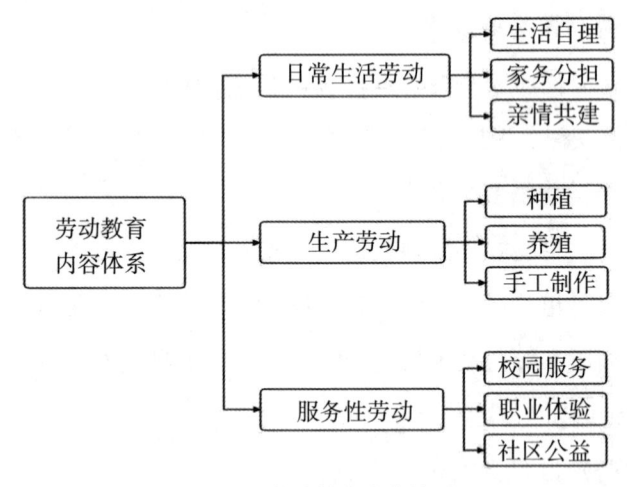

```
                          ┌── 生活自理
              ┌─ 日常生活劳动 ─┼── 家务分担
              │             └── 亲情共建
              │
              │             ┌── 种植
劳动教育内容体系 ─┼─ 生产劳动 ────┼── 养殖
              │             └── 手工制作
              │
              │             ┌── 校园服务
              └─ 服务性劳动 ──┼── 职业体验
                            └── 社区公益
```

图3-2 劳动教育内容体系

日常生活劳动是小学劳动教育的基础，珊瑚鲁能小学根据学校实际情况开发出生活自理、家务分担和亲情共建三类项目。其中亲情共建是学校构建的特色项目，通过力所能及的关爱性劳动，让学生学会尊敬长辈、孝敬父母、关心兄弟姐妹、承担家庭责任、融洽家庭关系，促进学生积极情感的发展和良好个性的养成。

生产性劳动是小学生在中高年级要学习的重要内容。珊瑚鲁能小学根据学校实际情况开发出种植、养殖和手工制作三类项目。在学校完善的劳动平台支持下，学生可以开展系统性、多样化的种植养殖劳动学习和实践，开展以陶艺为代表的创意设计和制作，在劳动中拓展知识、增长才干、锻炼思维，在实践中理解劳动的价值和意义。

服务性劳动为学生接触社会搭建桥梁，是实现学生社会性发展的重要渠道。珊瑚鲁能小学根据学校实际情况开发出校园服务、职业体验和社区公益三类项目。校园服务劳动培养学生的主人翁意识和归属感；职业体验劳动让学生了解社会专业的多样性和劳动要求的专业性；社区公益劳动则让孩子们走出校园，进入社区，通过开展资源回收、垃圾分类、志愿者服务等劳动认识社会，培养社会责任感。

（二）项目难度的螺旋上升

珊瑚鲁能小学严格遵循教育规律，结合不同年级学生身心发展特点，系统设计、论证、实践、优化劳动教育内容设置和开展形式。三大类别九个项目在不同年级的安排各有侧重，同一个项目针对不同年级的具体内容也有差异。

从三大类别的纵向分布来看，虽然每个项目都贯穿小学教育的全过程，但不同年级的侧重点有较大差异。日常生活劳动中，低年级更多的是做好自我服务性劳动，中高年级则更多关注家务劳动和亲情共建劳动。生产劳动中，学生的生产实践劳动主要是在中高年级开展，一二年级主要是在教师的带领和指导下观摩体验生产劳动。服务性劳动中的校园服务性劳动项目从小学低段就开始开展，而职业体验劳动项目和社区公益劳动项目则在高年级才开展。

此外，同一项目的劳动内容难度从低年级到高年级也是螺旋式上升的。以家务分担项目为例，一年级的劳动内容为清扫餐桌；二年级的劳动内容为扫地和做餐桌服务；三年级则开始学习择菜，制作水果拼盘；四年级则挑战学习包饺子和抄手，开始独立洗碗；五年级则独当一面，成为小小面点师甚至是当上小厨师；到六年级，学生动手能力进一步增强，可以做一些基础的家庭修理工作，并尝试简易的家用电器设备安装。

七、学校劳动教育的实施保障

（一）实践平台

珊瑚鲁能小学坚持劳动教育"一个都不能少"的理念，高标准为所有孩子搭建劳动平台。学校在进行校园设计规划时就规划了劳动教育的场地和教室。宽阔的现代化农场，专业化的陶艺工厂，覆盖所有年级所有学生的种植、养殖设施设备，为学生开展劳动实践提供了坚实的平台支持。

（二）师资配置

学校结合劳动教育开展的现实需求，构建了"班主任＋副班主任＋助教"三位一体师资队伍。班主任主要承担班级劳动课程教学，组织学生对班级农场进行经营和管理，组织家庭和社区共同推进劳动教育，是班级劳动课程的第一责任人。副班主任负责各种活动的组织和开展，协助班主任做好劳动教育。同时，所有教师都通过学科融合来助推劳动教育的开展，助教队伍是劳动教育的重要支持力量。学校的工人是学生开展校园劳动的师傅，教孩子们作物种植、动物养殖。家长和社区志愿者协助学校开展家庭和社区劳动教育。

（三）课时安排

学校整合劳动与综合实践课程，通过"1+N"排课方式保证劳动教育学时，构建起"劳动课＋天天劳动＋轮岗劳动＋主题活动＋家庭劳动"的劳动教育体系，保证了学生劳动教育的时间和效果。学校每隔一周安排一节劳动教育课，班级农场保证了学生在校园里可以"天天劳动"。此外，考虑到学校的服务性劳动岗位总体数量有限，学校创造性地设置了"轮岗劳动"制度，保证每个孩子都有参与岗位劳动的机会。与此同时，学校充分利用每年季节性的收获节设置义卖、劳动比赛、"今天我当家"等主题活动，为学生提供多样态劳动的机会。

（四）课程体系

学校系统设计，强化资源整合，坚持以学校为主导，充分发挥家庭和社区的作用，构建了"四位一体"劳动课程运行体系。

1. 以常规劳动课程为主导，夯实劳动基础

学校每隔一周安排一节劳动教育课，学生系统了解各年级劳动课程的目标、任务和要求，学习基本的劳动技能和方法。教师布置课外劳动任务，学生展示劳动成果与收获，教师对学生进行形成性评价，指出学生的不足，引导学生持续不断地改进和发展。

2. 以学校劳动为龙头，锻炼劳动能力

不同年级学生参加不同主题的集体劳动，参加各种劳动主题比赛和劳动展示，学生在此过程中学会沟通协作，获得集体荣誉感和实践能力的增长。

3. 以家校合作为支撑，养成劳动习惯

家庭生活是小学生劳动意识和习惯培养的重要渠道，学校充分调动和发挥家长在劳动教育中的作用，家长指导、记录、监督学生在家庭中的自我服务和家庭日常劳动，并帮助学生改进，通过长期的行为引导帮助学生养成良好的劳动习惯。

4. 以社会服务劳动为载体，培养奉献精神和社会责任感

高年级学生走出家庭，进入社区，通过资源回收、收获节市场义卖、社区志愿者服务等形式的劳动，培养社会责任感和社会参与意识，促进学生主人翁意识的确立和思想道德的发展。

八、学校劳动教育的考核评价

评价历来是教育教学的难点,《大中小学劳动教育指导纲要（试行）》要求将劳动素养纳入学生综合素质评价体系，要以劳动教育目标、内容要求为依据，将过程性评价和终结性评价结合起来，健全和完善学生劳动素养评价标准、程序和方法。珊瑚鲁能小学坚持"参与即评价"的劳动课程评价理念，在评价主体上构建了自我评价、教师评价、他人（含同学、家长、社区、服务实践基地）评价相互连接，在评价方式上形成了过程性评价和终结性评价相结合，在评价实施中践行着量化评价与代表性成果评价相互转化，在评价指标上形成了"爱劳动""善劳动""恒劳动"三维指标量化的评价体系。

实践篇
SHI JIAN PIAN

第四章
日常生活劳动

《中共中央 国务院关于全面加强新时代大中小学劳动教育的意见》指出，小学低段要注重围绕劳动意识的启蒙，让学生学会日常生活自理，感知劳动乐趣，知道人人都要劳动。珊瑚鲁能小学聚焦日常生活劳动教育的开展，以儿童认知心理为基础，开发出以生活自理、家务分担、亲情共建为主题的日常生活劳动（图4-1）教育实践体系。

```
                    ┌─── 生活自理
日常生活劳动 ───────┼─── 家务分担
                    └─── 亲情共建
```

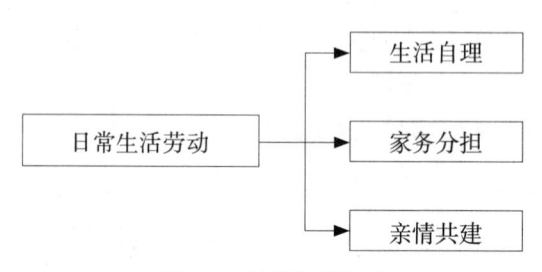

图 4-1　日常生活劳动

一、生活自理项目

生活自理主要是指在日常生活中学生能够自主动手、自我照料，这是一个人应该具备的最基本的生活技能。学校围绕"衣""食""住""行"四个方面展开活动（图4-2），培养学生的生活自理能力，增强学生的责任感以及独立处理问题的能力，积极促进学生的健康成长。

图4-2 生活自理

二、家务分担项目

家务分担主要围绕"清理""整理""烹饪"三个方面进行实践活动设计（图4-3），让学生在家务分担的过程中体会父母的辛苦。家长和孩子一同做家务，把枯燥的事情变成快乐的事情，让孩子学会以苦为乐，有助于孩子形成乐观的性格，肯定自己的存在价值，树立"我能行"的自信。

图4-3 家务分担

三、亲情共建项目

亲情共建主要是通过家长对孩子的陪伴，让孩子感受家人对自己的爱与付出，教师引导学生正确地表达自己对父母的爱，让学生在亲情共建的劳动教育课程中，获得感受爱、表达爱、记录爱的能力。通过参与力所能及的、关爱性的互动活动，学生学会尊敬长辈、孝敬父母、关心兄弟姐妹、承担家庭责任、融洽家庭关系，促进孩子积极情感的发展和良好个性的形成。

项目 1
生活自理

一、生活自理项目递进式教学实践图（图4-4）

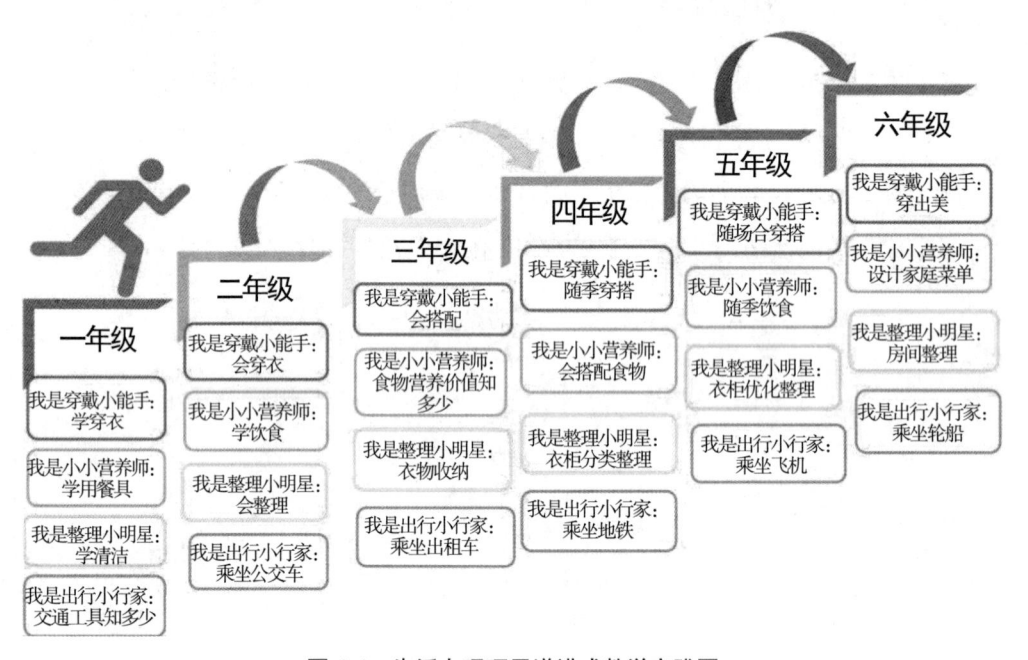

一年级
- 我是穿戴小能手：学穿衣
- 我是小小营养师：学用餐具
- 我是整理小明星：学清洁
- 我是出行小行家：交通工具知多少

二年级
- 我是穿戴小能手：会穿衣
- 我是小小营养师：学饮食
- 我是整理小明星：会整理
- 我是出行小行家：乘坐公交车

三年级
- 我是穿戴小能手：会搭配
- 我是小小营养师：食物营养价值知多少
- 我是整理小明星：衣物收纳
- 我是出行小行家：乘坐出租车

四年级
- 我是穿戴小能手：随季穿搭
- 我是小小营养师：会搭配食物
- 我是整理小明星：衣柜分类整理
- 我是出行小行家：乘坐地铁

五年级
- 我是穿戴小能手：随场合穿搭
- 我是小小营养师：随季饮食
- 我是整理小明星：衣柜优化整理
- 我是出行小行家：乘坐飞机

六年级
- 我是穿戴小能手：穿出美
- 我是小小营养师：设计家庭菜单
- 我是整理小明星：房间整理
- 我是出行小行家：乘坐轮船

图4-4　生活自理项目递进式教学实践图

二、生活自理项目教学实施计划表（表4-1）

表4-1 生活自理项目教学实施计划表

劳动主题	教学目标	年段目标	教学内容	组织教师	教学路径	评价方法
我是穿戴小能手	1.愿意自主穿衣、穿鞋袜、搭配衣物等，逐步形成自主劳动的意识； 2.经历自主穿衣、穿鞋袜、搭配衣物等过程，逐步掌握正确穿戴的方法； 3.养成健康、积极的穿衣习惯，穿出风格、穿出美。	一年级：学穿衣 1.愿意主动穿衣，启蒙自主穿衣的意识； 2.体验穿衣的过程，学习穿衣的技巧； 3.启蒙穿得干净、穿得整洁的意识。	1.识别衣服正反面的方法； 2.学习穿衣的方法。	综合实践活动课教师	综合实践活动课	学生参与即评价（学生愿意自主穿衣）。
		二年级：会穿衣 1.能自主穿鞋袜，逐步培养自主穿鞋袜的意识； 2.经历自主穿鞋袜的过程，掌握穿鞋袜的技巧； 3.逐步养成穿得干净、穿得整洁的习惯。	学习穿鞋袜的方法。			学生参与即评价（学生能自主穿搭鞋袜）。
		三年级：会搭配 1.学会独立穿搭，形成独立穿搭的意识； 2.经历独立穿搭的过程，掌握搭配技巧； 3.独立穿搭，逐步养成穿得整齐、穿得合理的穿搭习惯。	学习各种衣物的穿搭技巧。			1.学生参与即评价（会搭配衣服）； 2.（实践活动）给模特换装，考查学生对穿搭技能的掌握程度。由学生互评选出最为美观的一组。

续表

劳动主题	教学目标	年段目标	教学内容	组织教师	教学路径	评价方法
我是穿戴小能手	1. 愿意自主穿衣、穿鞋袜、搭配衣物等，逐步形成自主劳动的意识； 2. 经历自主穿衣、穿鞋袜、搭配衣物等过程，逐步掌握正确穿戴的方法； 3. 养成健康、积极的穿衣习惯，穿出风格、穿出美。	四年级：随季穿搭 1. 自主随季穿搭，形成科学穿搭的意识； 2. 经历自主随季穿搭的过程，掌握随季穿搭技巧； 3. 随季穿搭，养成合乎时令的穿搭习惯。	学习不同季节的穿搭技巧。	综合实践活动课教师	综合实践活动课	1. 学生参与即评价（学生根据不同季节搭配合适的衣服）； 2. （知识竞赛）班级内举办相应主题的知识竞赛，例如围绕"应季衣服布料""每季衣服样式"等主题展开，根据答题的准确率，对比等级划分表进行自评。
		五年级：随场合穿搭 1. 自主随场合穿搭，形成合理的穿搭意识； 2. 经历自主随场合穿搭，掌握不同场合的穿搭技巧； 3. 随场合穿搭，养成合乎时宜的穿搭习惯。	学习不同场合的穿搭技巧。			1. 学生参与即评价（学生根据不同的场合搭配衣服）； 2. （调研报告）开展社会调研，让学生分组走出校园，在生活中寻找特定场合的穿搭技巧，在班上进行调查结果分享，同时通过小组自评与互评，评选出"优秀调查员"。

续表

劳动主题	教学目标	年段目标	教学内容	组织教师	教学路径	评价方法
我是穿戴小能手		六年级：穿出美 1. 自主穿搭，树立追求审美的穿搭意识； 2. 经历自主穿搭的过程，掌握合理穿搭的技巧； 3. 养成健康的、积极的穿搭习惯，穿出风格、穿出美。	学习自主穿搭技巧，形成自己的穿衣风格。	综合实践活动课教师	综合实践活动课	1. 学生参与即评价（学生能将衣服搭配得美观得体）； 2.（时装秀）鼓励同学们自主搭配服饰，运用不同的穿搭技巧，组织时装秀、时装周活动，展示自己的穿搭风格，由师生共同投票选出"穿搭达人"。
我是小小营养师	1. 愿意主动吃营养健康的食物，逐步形成健康饮食的意识； 2. 经历自主搭配营养餐的过程，掌握食物搭配的技能； 3. 科学搭配食物，逐步养成健康饮食的习惯。	一年级：学用餐具 1. 愿意学用餐具，启蒙自主用餐的意识； 2. 经历学用餐具的过程，掌握用餐的方法； 3. 学习自主用餐，逐步养成正确的用餐习惯。	辨认餐具，学习餐具使用知识。	综合实践活动课教师	综合实践活动课	学生参与即评价（认识餐具，能使用餐具）。

续表

劳动主题	教学目标	年段目标	教学内容	组织教师	教学路径	评价方法
我是小小营养师	1. 愿意主动吃营养健康的食物，逐步形成健康饮食的意识； 2. 经历自主搭配营养餐的过程，掌握食物搭配的技能。 3. 科学搭配食物，逐步养成健康饮食的习惯。	二年级：学饮食 1. 愿意自主饮食，初步形成健康的饮食意识； 2. 经历自主饮食的过程，学习健康、科学的饮食方法； 3. 学会自主饮食，初步养成正确的饮食习惯。	学习科学的饮食方式，养成健康的用餐习惯。	综合实践活动课教师	综合实践活动课	学生参与即评价（养成良好的用餐习惯）。
		三年级：食物营养价值知多少 1. 学习食物的营养价值，形成营养均衡的搭配意识； 2. 经历学习食物营养价值的过程，掌握简单的食物搭配技巧； 3. 学习食物的营养价值，初步形成健康、营养的饮食观念。	辨认食物，学习各类食物的营养价值。			1. 学生参与即评价（掌握一定的食物营养知识）； 2.（主题活动）通过开展"食物营养价值知多少"知识分享活动，学生分组上台进行分享与交流。

续表

劳动主题	教学目标	年段目标	教学内容	组织教师	教学路径	评价方法
我是小小营养师	1. 愿意主动吃营养健康的食物，逐步形成健康饮食的意识； 2. 经历自主搭配营养餐的过程，掌握食物搭配的技能； 3. 科学搭配食物，逐步养成健康饮食的习惯。	四年级：会搭配食物 1. 自主搭配饮食，树立健康的饮食观念； 2. 经历自主搭配饮食的过程，掌握食物搭配的技巧； 3. 学会食物搭配，养成健康的饮食习惯。	学习简单的食物搭配技巧。	综合实践活动课教师	综合实践活动课	1. 学生参与即评价（学会自主搭配食物）； 2.（课堂游戏）开展"食物搭配"活动，制作食物卡片，让学生自主选择搭配，由老师评选出搭配得最科学的几组（自主选择一餐）。
		五年级：随季饮食 1. 自主随季饮食，树立健康的饮食观念； 2. 经历自主随季饮食的过程，了解不同季节的饮食技巧； 3. 自主随季饮食，形成合乎时令的饮食习惯。	学习不同季节的饮食特点，学习不同季节的食物搭配技巧。			1. 学生参与即评价（根据不同季节搭配食物）； 2.（实践活动）组织开展"健康饮食，随季饮食"宣传活动，设计宣传标语，学生自评、互评，选出优秀标语，张贴在教室或其他场所。

续表

劳动主题	教学目标	年段目标	教学内容	组织教师	教学路径	评价方法
我是小小营养师	1.愿意主动吃营养健康的食物，逐步形成健康饮食的意识； 2.经历自主搭配营养餐的过程，掌握食物搭配的技能； 3.科学搭配食物，逐步养成健康饮食的习惯。	六年级：设计家庭菜单 1.愿意自主设计家庭菜单，树立健康饮食的观念； 2.经历自主设计菜单的过程，掌握适合家人的饮食搭配技巧； 3.学会自主搭配食物，养成健康、营养的饮食习惯。	根据家庭情况设计一份家庭菜单。	综合实践活动课教师	综合实践活动课	1.学生参与即评价（参与制作菜单）； 2.（实践活动）运用食物搭配技巧，结合家庭饮食习惯，设计一份科学的菜单。以家长评价为主，老师评价为辅。
我是整理小明星	1.愿意主动清洁、自主收纳整理，逐步形成自主清洁、整理、收纳的意识； 2.经历自主清洁、整理、收纳的过程，掌握收纳整理的技能； 3.学会自主清洁、物品整理归类，逐步养成自主清洁、分类整理的习惯。	一年级：学清洁 1.愿意自主刷牙、洗脸，启蒙自主清洁的意识； 2.经历自主刷牙、洗手、洗脸的过程，学习自主清洁的方法； 3.学会自主刷牙、洗手、洗脸，逐步养成自主清洁的习惯。	学习自主刷牙、洗脸、洗手的方法。	劳动技术课教师、综合实践活动课教师	劳动技术课、综合实践活动课	学生参与即评价（学习各种清洁、整理、收纳的方法）。

续表

劳动主题	教学目标	年段目标	教学内容	组织教师	教学路径	评价方法
我是整理小明星	1.愿意主动清洁、自主收纳整理，逐步形成自主清洁、整理、收纳的意识； 2.经历自主清洁、整理、收纳的过程，掌握收纳整理的技能； 3.学会自主清洁、物品整理归类，逐步养成自主清洁、分类整理的习惯。	二年级：会整理 1.愿意自主清洁、整理生活学习用品，逐步形成自主整理的意识； 2.经历自主清洁、整理袜子、水杯、文具、书包等生活学习用品的过程，掌握自主清洁、整理水杯、文具、书包等生活学习用品的方法； 3.学会自主清洁、整理袜子、水杯、文具、书包等生活学习用品，逐步培养自主清洁、整理生活学习用品的习惯。	学习自主清洁、收纳整理袜子、水杯、文具、书包等生活学习用品的方法。	劳动技术课教师、综合实践活动课教师	劳动技术课、综合实践活动课	学生参与即评价（养成整理的习惯，自主整理生活学习用品）。
		三年级：衣物收纳 1.愿意自主收纳上衣、裤子、鞋袜等，逐步形成自主收纳整理的意识； 2.经历自主收纳上衣、裤子、鞋袜等的过程，掌握衣物收纳的技巧； 3.学会自主收纳上衣、裤子、鞋袜等，养成收纳衣物的习惯。	学习自主收纳上衣、裤子、鞋袜等的方法。			1.学生参与即评价（掌握收纳、整理衣物的方法）； 2.（实践活动）组织学习衣物收纳的技巧后，让学生在家自主整理、收纳衣物，家长观察全过程并评价。

续表

劳动主题	教学目标	年段目标	教学内容	组织教师	教学路径	评价方法
我是整理小明星	1.愿意主动清洁、自主收纳整理，逐步形成自主清洁、整理、收纳的意识； 2.经历自主清洁、整理、收纳的过程，掌握收纳整理的技能； 3.学会自主清洁、物品整理归类，逐步养成自主清洁、分类整理的习惯。	四年级：衣柜分类整理 1.愿意自主分类整理衣柜，形成自主整理衣柜的意识； 2.经历自主整理衣柜的过程，掌握分类整理衣柜的方法； 3.学会自主分类整理衣柜，养成整洁有序的生活习惯。	学习自主分类整理衣柜的方法。	劳动技术课教师、综合实践活动课教师	劳动技术课、综合实践活动课	1.学生参与即评价（参与衣柜中衣物的分类整理）； 2.（课后作业）分小组开展"衣柜分类整理"活动，成员以日记的形式记录过程中用到的整理、收纳方法，由老师批改并提出建议。
		五年级：衣柜优化整理 1.愿意自主优化整理衣柜，形成物品摆放顺序、位置、收纳空间的优化意识； 2.经历自主优化整理衣柜的过程，掌握优化整理衣柜的技巧； 3.学会自主优化整理衣柜，养成科学利用收纳空间、合理摆放物品的整理习惯。	学习优化整理衣柜、合理摆放物品的方法。			1.学生参与即评价（将衣柜中的衣物进行科学的收纳，优化空间使用）； 2.（实践活动）家长拍摄学生整理房间的各个环节的视频，对开始和结束阶段的房间照片进行对比，以学生自评和家长评价为主，教师评价为辅。

续表

劳动主题	教学目标	年段目标	教学内容	组织教师	教学路径	评价方法
我是整理小明星		六年级：房间整理 1. 愿意自主整理房间，形成自主整理房间的意识； 2. 经历自主整理房间的过程，掌握房间整理的方法； 3. 学会自主整理房间，养成自主整理房间的生活习惯。	学习整理房间的方法。	劳动技术课教师、综合实践活动课教师	劳动技术课、综合实践活动课	1. 学生参与即评价（学生独立整理整个房间）； 2.（课后作业）开展"房间整理设计师"活动，参与家庭房间整理与装饰，给出设计方案并分享，最后进行组内、组间的生生互评和教师点评。
我是出行小行家	1. 愿意自主出行，逐步形成独立出行的意识； 2. 经历独立出行的过程，掌握乘坐交通工具的方法； 3. 正确搭乘交通工具，安全便捷出行。	一年级：交通工具知多少 1. 愿意学习交通工具的常识，启蒙安全、绿色的出行意识； 2. 经历辨认交通工具的过程，学会选择出行工具； 3. 掌握自主出行的常识，逐步养成安全、绿色的出行习惯。	学认交通工具，学会选择出行工具。	综合实践活动课教师	综合实践活动课	1. 学生参与即评价（认识、选择交通工具）； 2.（课堂游戏）教师围绕"交通工具的辨认及选择"组织开展问答小游戏并计分。

53

续表

劳动主题	教学目标	年段目标	教学内容	组织教师	教学路径	评价方法
我是出行小行家	1.愿意自主出行，逐步形成独立出行的意识； 2.经历独立出行的过程，掌握乘坐交通工具的方法； 3.正确搭乘交通工具，安全便捷出行。	二年级：乘坐公交车 1.愿意自主乘坐公交车，逐步形成自主出行的意识； 2.经历学习乘坐公交车的过程，掌握乘坐公交车的技巧； 3.学会自主乘坐公交车，逐步养成安全、绿色的出行习惯。	学习乘坐公交车的方法，掌握乘坐公交车出行的技巧。	综合实践活动课教师	综合实践活动课	1.学生参与即评价（学生自主乘坐公交车）； 2.（课外活动）学生借助简单的图画日志记录乘坐公交车的出行日常并和同学交流分享，同学之间互评。
		三年级：乘坐出租车 1.愿意自主乘坐出租车，逐步形成自主出行的意识； 2.模拟乘坐出租车的过程，掌握乘坐出租车的技巧； 3.学会自主乘坐出租车，养成安全、绿色的出行习惯。	学习乘坐出租车的方法，掌握乘坐出租车的技巧。			1.学生参与即评价（学生自主乘坐出租车）； 2.（课堂游戏）模拟乘坐出租车的情景，检验乘车技能的掌握情况，学生互评，教师评价。
		四年级：乘坐地铁 1.愿意自主乘坐地铁，逐步形成自主出行的意识； 2.模拟乘坐地铁的过程，掌握乘坐地铁的技巧； 3.学会自主乘坐地铁，逐步养成安全、绿色的出行习惯。	学习乘坐地铁的方法，掌握乘坐地铁的技巧。			1.学生参与即评价（学生学习掌握乘地铁的方法）； 2.（课外活动）分小组围绕"乘坐地铁注意事项"展开标语制作活动，最后进行小组互评。

续表

劳动主题	教学目标	年段目标	教学内容	组织教师	教学路径	评价方法
我是出行小行家	1. 愿意自主出行，逐步形成独立出行的意识； 2. 经历独立出行的过程，掌握乘坐交通工具的方法； 3. 正确搭乘交通工具，安全便捷出行。	五年级：乘坐飞机 1. 愿意自主乘坐飞机，逐步形成自主出行的意识； 2. 模拟乘坐飞机的过程，掌握乘坐飞机的技巧； 3. 学会自主乘坐飞机，逐步养成安全、绿色的出行习惯。	学习乘坐飞机的方法，掌握乘坐飞机的技巧。	综合实践活动课教师	综合实践活动课	1. 学生参与即评价（学生有自主乘坐飞机的能力和意识）； 2. （知识竞赛）围绕乘坐飞机的相关知识开展竞赛活动，以积分制的形式评出前三名并给予一定的物质奖励。
		六年级：乘坐轮船 1. 愿意自主乘坐轮船，逐步形成自主出行的意识； 2. 模拟乘坐轮船的过程，掌握乘坐轮船的技巧； 3. 学会自主乘坐轮船，逐步养成安全、绿色的出行习惯。	学习乘坐轮船的方法，掌握乘坐轮船的技巧。			1. 学生参与即评价（学生有自主乘坐轮船的能力和意识）； 2. （实践活动）教师设定一个具体目的地（需以轮船为交通工具），学生自主选择交通工具并设计出行路线图（任何方式都可），对作品进行网络投票并在班级内展览优秀作品。

三、生活自理项目主题活动实施方案

主题活动一：我是穿戴小能手

"我是穿戴小能手"主题活动是紧紧围绕自主穿戴这一核心生活技能展开的劳动教育，以一年级学穿衣、二年级会穿衣、三年级会搭配、四年级能随季穿搭、五年级会随场合穿搭、六年级能穿出美为目标，设计进阶式主题活动方案，帮助学生在主题活动中形成自主穿戴的劳动观念，养成自主穿戴的劳动习惯，全面提升学生的劳动素养。

一年级主题活动

学穿衣：以"穿上衣"为例

一、活动目标

1. 愿意主动穿衣，启蒙自主穿衣的意识；

2. 体验穿上衣的过程，学习穿上衣的技巧；

3. 逐步形成穿得干净、穿得整洁的习惯。

二、活动准备

（一）教学资料

1. 教学视频：搜集3～5个穿上衣方法与技巧的教学视频。

2. 上衣：准备2～3件6～7岁小朋友的套头式上衣和开衫式上衣。

（二）组织人员

1. 教师：综合实践活动课教师。

2. 家长：照顾学生日常生活的监护人。

（三）活动场地

1. 学校：各班所在教室。

2. 家庭：卧室。

三、活动流程

第一步：教师组织学生观看、学习穿上衣的教学视频，学习穿上衣的方法与技巧。

第二步：教师利用准备好的上衣演示穿衣技巧及注意事项。

第三步：教师布置练习穿上衣的课后作业，要求家长在家指导孩子穿上衣。

第四步：家长指导学生在家自主穿上衣。

四、教学内容

（一）套头式上衣的穿衣步骤

第一步：双眼看清正反面，两手抓住小领子。

第二步：脑袋钻进大洞子，双手伸出小洞子。

第三步：拉下衣服照镜子，理理衣领和袖子。

第四步：看看镜里的自己，干净整洁乖孩子。

（二）开衫式上衣的穿衣步骤

第一步：花纹在外线朝内，双眼看清内外面。

第二步：双手伸进衣服内，左右袖口穿出来。

第三步：拉链拉至小胸口，纽扣一一扣整齐。

第四步：千万记得理一理，夸夸自己美样子。

五、活动评价

坚持"学生参与即评价"的理念，通过活动的组织实施，学生愿意自主穿衣。

二年级主题活动

会穿衣：以"穿鞋袜"为例

一、活动目标

1. 能自主穿鞋袜，逐步培养自主穿鞋袜的意识；

2. 经历自主穿鞋袜的过程，掌握穿鞋袜的技巧；

3. 逐步养成穿得干净、穿得整洁的习惯。

二、活动准备

（一）教学资料

1. 教学视频：搜集3～5个穿鞋袜方法与技巧的教学视频。

2. 鞋袜：干净鞋、袜7～8双。

（二）组织人员

1. 教师：综合实践活动课教师。

2. 家长：照顾学生日常生活的监护人。

（三）活动场地

1. 学校：各班所在教室。

2. 家庭：卧室。

三、活动流程

第一步：教师组织学生观看、学习穿鞋袜的教学视频，学习穿鞋袜的方法技巧。

第二步：教师模仿穿鞋袜的动作，为学生讲解注意事项。

第三步：教师布置练习穿鞋袜的课后作业，要求家长在家指导孩子穿鞋袜。

第四步：家长指导学生在家自主穿鞋袜。

四、教学内容

（一）穿袜子的步骤

第一步：双手拿起小袜子，袜尖朝前跟朝下。

第二步：双手拇指勾袜腰，其他手指放两边。

第三步：双手一起往前跑，爬到袜尖穿进脚。

第四步：抓住袜腰往上拉，穿上袜子笑哈哈。

（二）穿鞋子的步骤

第一步：双眼分清左右脚，双手摆正小鞋子。

第二步：松松鞋带拉一拉，小脚伸进鞋洞里。

第三步：脚趾伸到鞋尖处，手抓鞋帮往上提。

第四步：系上鞋带跺跺脚，我们一起跑一跑。

（三）知识链接

穿鞋带（十字交叉系法）步骤：

第一步：双手理顺小鞋带，两头两尾对整齐。

第二步：鞋带从外往里穿，连接首排两鞋洞。

第三步：拉平鞋带对整齐，两边交叉钻进洞。

第四步：一上一下相交叉，系完不忘拉一拉。

第五步：系个蝴蝶鞋上飞，我们一起来跳舞。

五、活动评价

坚持"学生参与即评价"的理念，通过活动的组织实施，学生能自主穿鞋袜。

> 三年级主题活动

会搭配：以"为模特穿搭衣物"为例

一、活动目标

1. 学会独立穿搭，形成独立穿搭的意识；

2. 经历独立穿搭的过程，掌握搭配技巧；

3. 养成穿得整齐、穿得合理的穿搭习惯。

二、活动准备

（一）教学资料

1. 教学视频：搜集1~2个关于衣物搭配技巧和方法的教学视频。

2. 服饰与模特：各种衣服5件，各种裤子5条，服装模特2个（可由学生充当）。

（二）组织人员

1. 教师：综合实践活动课教师。

2. 学生：班级全体学生分成若干组，每组推举1名组长。

（三）活动场地

学校：各班所在教室。

三、活动流程

第一步：教师播放教学视频或教学课件，讲解衣物穿搭技巧。

第二步：教师组织学生以小组合作的形式开展"为模特穿搭衣物"活动。

第三步：学生互评选出穿搭最为美观的一组。

第四步：教师组织学生展示"为模特穿搭衣物"活动穿搭设计成果。

第五步：教师组织学生分享"为模特穿搭衣物"活动感悟。

第六步：教师总结"为模特穿搭衣物"活动。

四、教学内容

衣物色彩搭配技巧：

红色搭配黑白灰，上浅下深显自信。

橙红搭配黑灰米，上深下浅显大方。

黄色搭配紫蓝白，突出上衣裤色深。

绿色搭配白黑米，上衣裤装颜色异。

蓝色搭配白橙粉，突出下装衣色深。

紫色搭配粉蓝黑，上衣复杂下装简。

五、活动评价

1. 坚持"学生参与即评价"的理念，通过活动的组织实施，学生学会搭配衣服；

2. 给玩偶换装，考查学生对穿搭技能的掌握程度，由学生互评选出最为美观的一组。

四年级主题活动

随季穿搭：以"春季穿搭设计"为例

一、活动目标

1. 自主随季穿搭，形成科学穿搭的意识；

2. 经历自主随季穿搭的过程，掌握四季穿搭技巧；

3. 养成合乎时令的穿搭习惯。

二、活动准备

（一）教学资料

1. 教学视频：搜集1～2个有关春季穿搭技巧的教学视频。

2. 春季服饰：各种风格春装6套，服装模特2个（可由学生充当）。

（二）组织人员

1. 教师：综合实践活动课教师。

2. 学生：班级全体学生分成若干组，每组推举 1 名组长。

（三）活动场地

学校：各班所在教室。

三、活动流程

第一步：教师播放教学视频或教学课件，讲解春季衣物搭配技巧。

第二步：教师组织学生以小组合作的形式，开展"春季穿搭设计"活动。

第三步：教师组织学生展示"春季穿搭设计"成果。

第四步：学生根据评分表进行自评，为自己的作品打分。

第五步：教师对"春季穿搭设计"活动进行总结。

四、教学内容

春季穿衣技巧：

春季回暖较干燥，上薄下厚防暴汗。

户外踏春休闲装，里层毛衣更保暖。

色彩鲜艳显活力，黄绿色系迎春天。

春季寒气尚未退，春捂秋冻记心间。

五、活动评价

1. 坚持"学生参与即评价"的理念，通过活动的组织实施，学生学会根据季节搭配衣服；

2. 班级内举办相应主题的知识竞赛，可围绕"应季衣服布料""每季衣服样式"等主题展开，根据答题的准确率，对比等级划分表进行自评。

五年级主题活动

随场合穿搭：以"运动穿搭设计"为例

一、活动目标

1. 具备自主穿搭的意识，形成合理穿搭的习惯；

2. 掌握不同场合的穿搭原则和技巧；

3. 养成合乎时宜的穿搭习惯。

二、活动准备

（一）教学资料

1. 教学视频：搜集1～2个介绍不同场合穿搭技巧和方法的教学视频；

2. 运动服饰：运动装6套，服装模特2个（可由学生充当）。

（二）组织人员

1. 教师：综合实践活动课教师。

2. 学生：班级全体学生分成若干组，每组推举1名组长。

（三）活动场地

1. 学校教学：各班所在教室。

2. 校外调研：学校附近安全区域。

三、活动流程

第一步：教师播放教学视频或教学课件，讲解运动类衣物的搭配技巧。

第二步：教师组织学生以小组合作的形式开展"运动穿搭设计"调研活动。

第三步：教师组织学生分享"运动穿搭设计"成果。

第四步：通过小组自评和互评，选出"优秀调查员"。

第五步：教师对"运动穿搭设计"活动进行总结。

四、教学内容

运动场合穿搭技巧：

户外跑步易出汗，透气上衣宽松裤。

室内健身强度小，运动内衣瑜伽裤。

球类运动强度大，T恤背心运动裤。

女生扎起高马尾，男生头发要勤理。

户外运动要防晒，带好帽子好避暑。

五、活动评价

1. 坚持"学生参与即评价"的理念，通过活动的组织实施，学生学会根据不同的场合搭配衣服；

2. 开展社会调研，让学生分组走出校园，在生活中寻找特定场合的穿搭技巧，在班上进行调研结果分享，同时通过小组自评与互评，评选出"优秀调查员"。

六年级主题活动

穿出美：以"为你搭配衣物"为例

一、活动目标

1. 培养穿搭审美意识；

2. 经历自主穿搭的过程，掌握穿搭审美的技巧；

3. 养成健康的、积极的穿搭习惯，穿出风格、穿出美。

二、活动准备

（一）教学资料

1. 教学视频：搜集1～2个关于穿搭方法与技巧的教学视频。

2. 衣物配饰：各类衣服10套，配饰15件，服装模特若干（可由学生充当）。

（二）组织人员

1. 教师：综合实践活动课教师。

2. 学生：班级全体学生分成若干组，每组推举1名组长。

（三）活动场地

学校：各班所在教室。

三、活动流程

第一步：教师播放教学视频或教学课件，讲解衣物搭配技巧。

第二步：教师组织学生以小组合作的形式开展"为你搭配衣物"活动。

第三步：教师组织学生办简易时装秀，展示"为你搭配衣物"活动穿搭设计成果。

第四步：教师组织学生分享"为你搭配衣物"活动感悟。

第五步：教师对"为你搭配衣物"活动进行总结。

四、教学内容

不同身材穿搭技巧：

长脸拒绝小V领，圆脸V领显脸长。

尖脸方脸小圆领，椭圆脸型随便穿。

短脖高领长脖V，肩宽袖小肩肥大。

微胖身材忌紧身，宽松上衣运动裤。

瘦小身材忌宽大，紧身服装显干练。

白皙肤色忌冷色，黄蓝浅粉显阳光。

黑黄皮肤拒深色，浅蓝浅粉提气色。

认清身材明特点，自主搭配穿出美。

五、活动评价

1. 坚持"学生参与即评价"的理念，通过活动的组织实施，学生学会将衣服搭配得美观得体；

2. 鼓励同学们自主搭配服饰，运用不同的穿搭技巧，组织时装秀、时装周活动，展示自己的穿搭风格，由师生共同投票选出"穿搭达人"。

主题活动二：我是小小营养师

"我是小小营养师"主题活动是紧紧围绕自主饮食这一核心生活技能展开的劳动教育，以一年级学用餐具、二年级学饮食、三年级学食物营养价值、四年级会搭配食物、五年级懂随季饮食、六年级能设计家庭菜单为目标，设计进阶式主题活动方案，帮助学生在主题活动中养成健康的饮食习惯，提高饮食自理能力，全面提升学生的劳动素养。

一年级主题活动

学用餐具

一、活动目标

1. 学用餐具，培养自主用餐的意识；

2. 经历学用餐具的过程，掌握用餐具的方法；

3. 学习自主用餐，逐步养成正确的用餐习惯。

二、活动准备

（一）教学资料

1. 教学视频：搜集3～5个有关餐具的教学科普视频。

2. 餐具准备：准备10种生活中常见的餐具。

（二）组织人员

1. 教师：综合实践活动课教师。

2. 家长：照顾学生日常生活的监护人。

（三）活动场地

1. 学校：各班所在教室。

2. 家庭：厨房。

三、活动流程

第一步：教师组织学生观看相关教学视频，学习各种餐具的特征、作用。

第二步：教师拿出准备好的餐具为大家一一讲解。

第三步：教师布置辨认餐具的课后作业，要求家长在家指导孩子辨认各种餐具。

第四步：家长指导学生在家辨认各种餐具。

四、教学内容

（一）简单餐具的使用方法

筷子成对使用它，用时不碰他人筷。

餐盘摆定不动它，看定目标夹住它。

端碗吃饭显文明，光盘行动惜食物。

公勺盛汤小勺喝，水杯摆放在面前。

与人交谈要放筷，停止饮食尊重他。

（二）简单餐具的辨认技巧

擦亮眼睛识餐具，正确用它来用餐。

圆口肚深大小碗，盛饭装汤都用它。

圆口肚浅大小盘，大盘装菜小碟料。

上粗下细是筷子，夹菜吃饭都用它。

脑袋圆圆尾巴长，喝汤不能没有它。

五、活动评价

坚持"学生参与即评价"的理念，通过活动的组织实施，学生认识餐具，能使用餐具。

二年级主题活动

学饮食：以"吃饭习惯海报设计"为例

一、活动目标

1. 愿意自主饮食，初步形成健康的饮食意识；

2. 经历自主饮食的过程，学习健康、科学的饮食方法；

3. 学习自主饮食，初步养成正确的饮食习惯。

二、活动准备

（一）教学资料

1. 教学视频：搜集1～2个介绍健康饮食习惯的教学视频。

2. 画具准备：彩色笔40支，A4纸6张。

（二）组织人员

1. 教师：综合实践活动课教师。

2. 学生：班级全体学生分成若干组，每组推举1名组长。

（三）活动场地

班级、校园、家庭，视活动开展规模与形式自行选择。

三、活动流程

"吃饭习惯海报设计"活动步骤如下：

第一步：教师播放教学视频或教学课件，讲解健康的饮食习惯。

第二步：教师组织学生以小组合作的形式开展"吃饭习惯海报设计"活动。

第三步：教师组织学生展示"吃饭习惯海报设计"活动成果。

第四步：教师组织学生分享"吃饭习惯海报设计"活动感悟。

第五步：教师对"吃饭习惯海报设计"活动进行总结。

四、教学内容

正确饮食习惯：

饭前小手洗干净，防止细菌和病毒。

右手握好小筷子，左手端稳小饭碗。

用餐不可高声语，专心致志吃饱肚。

拒绝挑食和偏食，坚持光盘不浪费。

饭后记得动一动，促进消化身体好。

五、活动评价

坚持"学生参与即评价"的理念，通过活动的组织实施，学生养成良好的用餐习惯。

三年级主题活动

食物营养价值知多少

一、活动目标

1. 学习食物的营养价值，形成营养均衡的搭配意识；

2. 经历学习食物营养价值的过程，掌握简单的食物搭配技巧；

3. 学习食物的营养价值，初步形成健康、营养的饮食观念。

二、活动准备

（一）教学资料

教学课件：制作1份有关食物搭配技巧的课件，插入食物搭配技巧教学视频。

（二）组织人员

1. 教师：以班主任、劳动教师为主，其他教师为辅。

2. 学生：班级全体学生分成若干组，每组推举 1 名组长。

（三）活动场地

学校：各班所在教室。

三、活动流程

"食物营养价值知多少"知识分享活动步骤如下：

第一步：教师使用教学课件、视频，讲解食物的营养价值。

第二步：教师组织学生以小组形式开展"食物营养价值知多少"知识分享活动。

第三步：教师组织学生分享"食物营养价值知多少"知识分享活动感悟。

第四步：教师总结"食物营养价值知多少"知识分享活动。

四、教学内容

常见食物营养价值一览：

土豆紫薯和燕麦，富含碳水化合物，提高人体免疫力。

番茄黄瓜胡萝卜，蔬菜富含维生素，远离疾病没问题。

木耳豆腐金针菇，菌豆饱含蛋白质，抗体形成全靠它。

早餐食欲最旺盛，面包牛奶和鸡蛋，补充碳水化合物。

午餐人体消耗大，粗粮细粮齐上场，补充能量好工作。

晚餐人体消耗少，清淡低热易消化，促进机能早恢复。

五、活动评价

1. 坚持"学生参与即评价"的理念，通过活动的组织实施，学生掌握一定的食物营养知识；

2. 开展"食物营养价值知多少"知识分享活动，学生分组上台进行分享与交流。

四年级主题活动

会搭配食物：以"食物搭配"为例

一、活动目标

1. 愿意自主搭配饮食，形成健康的饮食意识；

2. 经历自主搭配的过程，掌握食物搭配的技巧；

3. 学习食物搭配，养成健康的饮食习惯。

二、活动准备

（一）教学资料

1. 教学课件：制作1份有关食物搭配技巧的课件，插入食物搭配技巧教学视频。

2. 食物卡片：提前准备7组三餐食物卡片。

（二）组织人员

1. 教师：综合实践活动课教师。

2. 学生：班级全体学生分成若干组，每组推举1名组长。

（三）活动场地

学校：各班所在教室。

三、活动流程

"食物搭配"活动步骤如下：

第一步：教师播放教学视频或教学课件，讲解三餐搭配技巧。

第二步：教师组织学生以小组合作形式开展"食物搭配"活动。

第三步：教师组织学生分享"食物搭配"活动成果。

第四步：教师评选出食物搭配得最科学的几组。

第五步：教师对"食物搭配"活动进行总结。

四、教学内容

自主搭配三餐技巧：

早餐要吃好，粗粮水果佳。蛋奶不可少，养胃又护肝。

午餐要吃饱，米饭不可少。肉蔬相搭配，蓄力好工作。

晚餐要吃少，清淡低糖餐。果蔬和牛奶，好吃易消化。

五、活动评价

1. 坚持"学生参与即评价"的理念，通过活动的组织实施，学生学会自主搭配食物。

2. 开展"食物搭配"活动，制作食物卡片，让学生自主选择搭配，由老师评选出搭配得最科学的几组（自主选择一餐）。

五年级主题活动

随季饮食：以"春季食谱设计"为例

一、活动目标

1. 学习不同季节饮食的特点；

2. 经历自主随季饮食的过程，了解不同季节的饮食技巧；

3. 能够自主随季饮食，养成合乎时令的饮食习惯。

二、活动准备

（一）教学资料

1. 教学课件：制作1份有关食谱设计的课件，插入饮食搭配技巧教学视频。

2. 文具：A4纸40张，笔40支。

（二）组织人员

1. 教师：综合实践活动课教师。

2. 学生：班级全体学生分成若干组，每组推举1名组长。

（三）活动场地

学校：各班所在教室。

三、活动流程

"春季食谱设计"活动步骤如下：

第一步：教师播放教学视频或教学课件，介绍春季饮食搭配技巧。

第二步：教师组织学生以小组合作形式开展"春季食谱设计"活动。

第三步：教师组织学生分享"春季食谱设计"活动成果。

第四步：教师组织学生分享"春季食谱设计"活动感悟。

第五步：教师对"春季食谱设计"活动进行总结。

四、教学内容

春季饮食技巧：

春季万物生，饮食好搭配。天气渐回暖，补养正当时。

春季散寒气，饮食补阳气。一碗羊肉汤，驱寒又保暖。

春初阴雨多，饮食忌寒凉。豆类加粗粮，除湿护脾胃。

春末暑热现，饮食忌燥热。绿豆莲子粥，去热又降火。

五、活动评价

1. 坚持"学生参与即评价"的理念，通过活动的组织实施，学生学会根据不同季节搭配食物；

2. 组织开展"健康饮食，随季饮食"宣传活动，设计宣传标语，学生自评、互评，选出优秀标语，张贴在教室或其他场所。

六年级主题活动

设计家庭菜单

一、活动目标

1. 愿意自主设计家庭菜单，形成健康饮食的意识；

2.经历自主设计菜单的过程,掌握适合家人的饮食搭配技巧;

3.自主搭配食物,养成健康的饮食习惯。

二、活动准备

(一)教学资料

1.教学课件:制作1份有关食谱设计的课件,插入家庭菜单设计教学视频。

2.文具:A4纸40张,笔40支。

(二)组织人员

1.教师:综合实践活动课教师。

2.家长:照顾学生日常生活的监护人。

(三)活动场地

1.学校:各班所在教室。

2.家庭:餐桌。

三、活动流程

家庭菜单设计步骤如下:

第一步:教师播放教学课件及视频,介绍不同年龄段人群的饮食特点。

第二步:教师组织学生以组内合作或个人形式开展"家庭菜单设计"活动。

第三步:教师组织学生分享"家庭菜单设计"活动成果。

第四步:家长和教师分别对学生设计的菜单进行评价。

第五步:教师对"家庭菜单设计"活动进行总结。

四、教学内容

设计家庭菜单的技巧:

家庭成员各不同,人人吃好很重要。

老人消化能力差,清淡松软易消化。

父母外出工作忙,三餐都得要吃好。

儿童正在长身体，三餐营养要均衡。

早餐粥类更养胃，午餐肉汤营养高。

晚餐清淡最重要，银耳莲子黑米粥。

午餐荤素要均衡，饭后运动不可少。

只要大家吃得好，健康身体少不了。

五、活动评价

1. 坚持"学生参与即评价"的理念，通过活动的组织和实施，学生学会设计家庭菜单。

2. 运用食物搭配技巧，结合家庭饮食习惯，设计一份科学的菜单。以家长评价为主，老师评价为辅。

主题活动三：我是整理小明星

　　"我是整理小明星"主题活动是紧紧围绕自主整理这一核心生活技能展开的劳动教育，以一年级学清洁、二年级会整理、三年级学衣物收纳、四年级会衣柜分类整理、五年级懂衣柜优化整理、六年级会整理房间为目标，设计出进阶式的活动方案，帮助学生在主题活动中形成自主整理的劳动观念，养成自主整理的劳动习惯，全面提升学生的劳动素养。

一年级主题活动

学清洁：以"刷牙"为例

一、活动目标

1. 愿意主动刷牙，逐步形成自主清洁的意识；

2. 经历自主刷牙的过程，掌握自主刷牙的方法；

3. 学习自主刷牙，逐步培养自主清洁的生活习惯。

二、活动准备

（一）教学资料

1. 教学视频：搜集 3～5 个正确刷牙的教学视频。

2. 清洁用具：为每人准备清水、牙刷、牙膏、水杯。

（二）组织人员

教师：劳动技术课教师、综合实践活动课教师。

（三）活动场地

学校：各班所在教室。

三、活动流程

第一步：教师组织学生观看、学习正确刷牙的教学视频，学习刷牙的方法与技巧。

第二步：教师利用准备好的清洁工具演示清洁技巧及注意事项。

第三步：教师指导学生正确清洁牙齿。

四、教学内容

刷牙的步骤如下：

第一步：小手拿住牙刷柄，牙膏从下往上挤。

第二步：牙膏躺在刷毛上，张大嘴巴来刷牙。

第三步：上牙自上往下刷，下牙自下往上刷。

第四步：面牙横竖一起刷，后牙里外也要刷。

第五步：舌头也要刷一刷，吐吐泡沫漱漱口。

第六步：擦擦嘴角照镜子，牙刷不忘放整齐。

五、活动评价

坚持"学生参与即评价"的理念，通过活动的组织实施，学生学会各种清洁的方法。

二年级主题活动

会整理：以"整理书包"为例

一、活动目标

1. 愿意主动整理书包，逐步形成自主整理的意识；

2. 经历自主整理书包的过程，掌握整理书包的方法；

3. 学习整理书包，逐步养成自主整理生活学习用品的习惯。

二、活动准备

（一）教学资料

教学视频：搜集 3～5 个整理书包的教学视频。

（二）组织人员

教师：劳动技术课教师、综合实践活动课教师。

（三）活动场地

学校：各班所在教室。

三、活动流程

第一步：教师组织学生观看整理书包的教学视频，学习整理书包的方法与技巧。

第二步：教师指导学生快捷、有效地整理书包。

四、教学内容

整理书包的步骤如下：

第一步：包内东西全拿出，垃圾全部扔出去。

第二步：要想整理效果好，分类整理最高效。

第三步：书本文具形各异，从大到小往上摆。

第四步：书本文具放大包，纸巾校牌放小包。

第五步：雨伞水杯细又长，放在书包的两边。

第六步：书包收好放课桌，大家夸我会整理。

五、活动评价

坚持"学生参与即评价"的理念，通过活动的组织实施，学生逐步养成整理的习惯，会自主整理生活学习用品。

三年级主题活动

衣物收纳：以"叠上衣"为例

一、活动目标

1. 愿意主动收纳上衣等衣物，逐步形成自主收纳的意识；

2. 经历自主收纳上衣的过程，掌握衣物收纳的技巧；

3. 自主收纳上衣，养成收纳衣物的习惯。

二、活动准备

（一）教学资料

1. 教学视频：搜集3～5个叠衣服的教学视频。

2. 衣服准备：无袖上衣10件，有袖上衣10件。

（二）组织人员

1. 教师：劳动技术课教师、综合实践活动课教师。

2. 家长：照顾学生日常生活的监护人。

（三）活动场地

1. 学校：各班所在教室。

2. 家庭：卧室。

三、活动流程

第一步：教师组织学生观看、学习叠衣服相关教学视频，学习叠衣服的方法与技巧。

第二步：教师利用准备好的上衣演示叠衣服的技巧及注意事项。

第三步：教师布置叠衣服的课后作业，要求家长在家指导学生叠衣服。

第四步：家长指导学生在家自主叠衣服。

四、教学内容

叠衣服的步骤如下：

第一步：双手铺平小衣服，拉链纽扣都弄好。

第二步：左右两边向内折，对齐领口往下折。

第三步：有袖再来折一折，衣服变成长方形。

第四步：沿着中线再对折，最后上下再重合。

第五步：衣服从大往上摆，最后放进柜子里。

五、活动评价

1. 坚持"学生参与即评价"的理念，通过活动的组织实施，学生掌握收纳、整理衣物的方法；

2.（课外实践）组织学习收纳衣物的技巧后，让学生在家自主整理、收纳衣物，家长观察全过程并评价。

四年级主题活动

衣柜分类整理：以"衣柜分类整理方案设计"为例

一、活动目标

1. 愿意主动分类整理衣柜，形成自主整理衣柜的意识；

2. 经历自主整理衣柜的过程，掌握分类整理衣柜的方法；

3. 自主分类整理衣柜，养成整洁有序的生活习惯。

二、活动准备

（一）教学资料

教学视频：搜集3～5个整理衣柜的教学视频。

（二）组织人员

1. 教师：劳动技术课教师、综合实践活动课教师。

2. 家长：照顾学生日常生活的监护人。

（三）活动场地

1. 学校：各班所在教室。

2. 家庭：卧室。

三、活动流程

"衣柜分类整理方案设计"活动步骤如下：

第一步：教师播放教学视频，讲解衣柜分类整理的技巧。

第二步：教师组织学生开展"衣柜分类整理方案设计"活动。

第三步：教师组织学生写"衣柜分类整理方案设计"活动日记。

第四步：教师批改学生写的"衣柜分类整理方案设计"活动日记并提出建议。

第五步：教师对"衣柜分类整理方案设计"活动进行总结。

四、教学内容

衣柜分类整理技巧如下：

1. 衣物收纳原则：按季节、类别、款式、长短、大小、厚度分类收纳。

2. 衣物摆放原则：按存取难易程度、使用频率、衣物大小分类摆放。

3. 按照摆放方式给衣柜分为叠放区（按照使用频率、衣物大小、厚度叠放）、悬挂区（把不易折叠的衣物从长到短、从厚到薄、从深色到浅色悬挂起来）、衣柜抽屉区（搁置小件物品如袜子、内衣）。

五、活动评价

1. 坚持"学生参与即评价"的理念，通过活动的组织实施，学生学会对衣柜中的衣物进行分类整理；

2（课后作业）分小组开展"衣柜分类整理"活动，成员以日记的形式记录过程中用到的整理、收纳方法，由教师批改并提出建议。

五年级主题活动

衣柜优化整理：以"衣柜优化整理方案设计"为例

一、活动目标

1. 愿意主动优化整理衣柜，形成物品摆放顺序、位置、收纳空间的优化意识；

2. 经历自主优化整理衣柜的过程，掌握衣柜优化整理的技巧；

3. 自主优化整理衣柜，养成科学利用收纳空间、合理摆放物品的整理习惯。

二、活动准备

（一）教学资料

教学视频：搜集3～5个衣柜优化整理的教学视频。

（二）组织人员

1. 教师：劳动技术课教师、综合实践活动课教师。

2. 家长：照顾学生日常生活的监护人。

（三）活动场地

1. 学校：各班所在教室。

2. 家庭：卧室。

三、活动流程

"衣柜优化整理方案设计"活动步骤如下：

第一步：教师播放教学视频，讲解衣柜优化整理的技巧。

第二步：教师组织学生以小组合作或个人形式开展"衣柜优化整理方案设计"活动。

第三步：学生拍摄"衣柜优化整理方案设计"活动开展前后照片。

第四步：教师和家长分别对"衣柜优化整理方案设计"活动的对比照片做出评价，提出建议。

第五步：教师对"衣柜优化整理方案设计"活动进行总结。

四、教学内容

衣柜优化整理技巧：

衣物量多种类杂，四季衣服各不同。

衣柜虽大衣物多，总有东西装不下。

要想物品都有家，优化空间最有效。

衣物分类整理好，厚物装进压缩袋。

应季衣物挂起来，小件装进收纳盒。

粘贴挂钩用起来，围巾挎包挂起来。

衣柜优化整理好，东西再多都不怕。

五、活动评价

1. 坚持"学生参与即评价"的理念，通过活动的组织实施，学生学会将衣柜中的衣物进行科学的收纳，优化空间的利用；

2. （实践活动）家长拍摄学生整理房间的各个环节的视频和照片，对开始和结束阶段的房间照片进行对比，以学生自评和家长评价为主，教师评价为辅。

六年级主题活动

房间整理：以"卧室整理方案设计"为例

一、活动目标

1. 愿意主动整理卧室，形成自主整理房间的意识；

2. 经历自主整理卧室的过程，掌握房间整理的方法；

3. 自主整理卧室，养成自主整理房间的生活习惯。

二、活动准备

（一）教学资料

教学视频：搜集 3～5 个卧室整理的教学视频。

（二）组织人员

1. 教师：劳动技术课教师、综合实践活动课教师。

2. 家长：照顾学生日常生活的监护人。

（三）活动场地

1. 学校：各班所在教室。

2. 家庭：卧室。

三、活动流程

"卧室整理方案设计"活动步骤如下：

第一步：教师播放教学视频，讲解卧室整理的技巧。

第二步：教师组织学生以小组合作或个人形式开展"卧室整理方案设计"活动。

第三步：教师组织学生分享"卧室整理方案设计"活动成果，并开展评价活动。

第四步：教师组织学生分享"卧室整理方案设计"活动感悟。

第五步：教师总结"卧室整理方案设计"活动。

四、教学内容

卧室整理技巧：

整理之前做计划，整理才能有条理。

整理学会断舍离，废旧物品移出去。

扫扫灰尘拖拖地，抹抹家具和饰品。

物品分类摆放好，理理床铺和衣柜。

整理完毕通通风，带来清新好空气。

五、活动评价

1. 坚持"学生参与即评价"的理念，通过活动的组织实施，学生学会独立整理整个房间；

2.（课后作业）开展"房间整理设计师"活动，学生参与家庭房间整理与装饰，给出设计方案并分享，组内、组间进行生生互评，最后教师点评。

实 践 篇

主题活动四：我是出行小行家

　　"我是出行小行家"主题活动是紧紧围绕自主出行这一核心生活技能展开的劳动教育，以一年级认识交通工具、二年级学坐公交、三年级学坐出租车、四年级学坐地铁、五年级学坐飞机、六年级学坐轮船为目标，设计进阶式活动方案，帮助学生在主题活动中形成自主出行的意识，培养自主出行的能力，全面提升学生的劳动素养。

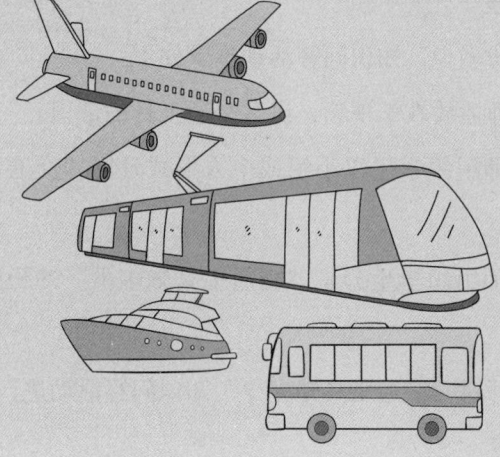

一年级主题活动

交通工具知多少

一、活动目标

1. 愿意学习交通工具的常识，启蒙安全、绿色的出行意识；

2. 经历辨认交通工具的过程，学会选择出行工具；

3. 学习自主出行的常识，逐步养成安全、绿色的出行习惯。

二、活动准备

（一）教学资料

教学视频：搜集 3～5 个介绍各种交通工具的科普视频。

（二）组织人员

教师：综合实践活动课教师。

（三）活动场地

学校：各班所在教室。

三、活动流程

"交通工具知多少"知识问答活动步骤如下：

第一步：教师播放教学视频，讲解交通工具的常识。

第二步：教师组织学生以小组或个人形式开展"交通工具知多少"知识问答活动。

第三步：教师组织学生分享"交通工具知多少"知识问答活动感悟，教师评分。

第四步：教师对"交通工具知多少"知识问答活动进行总结。

四、教学内容

辨认交通工具的技巧：

安全高效出门行，交通工具需了解。

四四方方公交车，实惠便利人人坐。

四轮轻便出租车，高效直达目的地。

多节车厢是地铁，高效便利出门去。

飞机到达速度快，急事要事就选它。

水里航行是轮船，游江航海全靠它。

五、活动评价

1. 坚持"学生参与即评价"的理念，通过活动的组织实施，学生认识并学会选择适当的交通工具。

2.（课堂游戏）教师围绕"交通工具的辨认及选择"组织开展问答小游戏并计分。

二年级主题活动

乘坐公交车

一、活动目标

1. 愿意自主乘坐公交车，逐步形成自主出行的意识；

2. 模拟乘坐公交的过程，掌握乘坐公交的技巧；

3. 学会自主乘坐公交车，逐步养成安全、绿色的出行习惯。

二、活动准备

（一）教学资料

教学视频：搜集3～5个有关公交车的科普视频。

（二）组织人员

1. 教师：综合实践活动课教师。

2. 学生：班级全体学生分成若干组，每组推举1名组长。

（三）活动场地

1. 学校：各班所在教室。

2. 校外：公交车站。

三、活动流程

"模拟乘坐公交车"活动步骤如下：

第一步：教师播放教学视频，讲解乘坐公交车的常识。

第二步：教师组织学生以小组合作的形式借助简单的图画日志记录乘坐公交车的出行日常。

第三步：教师组织学生分享"模拟乘坐公交车"活动感悟，学生进行互评。

第四步：教师对"模拟乘坐公交车"活动进行总结。

四、教学内容

（一）乘坐公交车的步骤

第一步：找到公交车站，看站牌定线路。

第二步：排队安静候车，前门刷卡投币。

第三步：有座及时坐稳，无座站稳扶好。

第四步：拿好随身物品，陌生人勿轻信。

第五步：听清广播提醒，到站后门下车。

（二）乘坐公交车的注意事项

1. 在指定站台排队候车，车辆停稳，前门上车，后门下车。

2. 车辆行驶时不要把头和身体伸出窗外。

3. 不带易燃易爆物品上车。

4. 拿好自己的随身物品，防小偷。

5. 爱护车厢环境，不乱扔垃圾，不高声喧哗。

五、活动评价

1. 坚持"学生参与即评价"的理念，通过活动的组织实施，学生学会自主乘坐公交车；

2. （课外活动）学生借助简单的图画日志记录乘坐公交车的出行日常并和同学交流分享，学生之间互评。

三年级主题活动

乘坐出租车

一、活动目标

1. 愿意自主乘坐出租车，逐步形成自主出行的意识；

2. 模拟乘坐出租车的过程，掌握乘坐出租车的技巧；

3. 学会自主乘坐出租车，养成安全、绿色的出行习惯。

二、活动准备

（一）教学资料

教学视频：搜集 3～5 个有关出租车的科普视频。

（二）组织人员

1. 教师：综合实践活动课教师。

2. 学生：班级全体学生分成若干组，每组推举 1 名组长。

（三）活动场地

学校教学：各班所在教室。

三、活动流程

"模拟乘坐出租车"活动步骤如下：

第一步：教师播放教学视频，讲解乘坐出租车的常识。

第二步：教师组织学生以小组形式开展"模拟乘坐出租车"活动。

第三步：教师组织学生分享"模拟乘坐出租车"活动感悟，学生互评，教师评价。

第四步：教师对"模拟乘坐出租车"活动进行总结。

四、教学内容

（一）乘坐出租车的步骤

第一步：站在出租车停靠点等车。

第二步：车辆停稳开门上车。

第三步：告知司机目的地，坐稳并系牢安全带。

第四步：一般不和司机交谈。

第五步：按照计价表支付车费。

第六步：拿好随身物品，车辆停稳，确定车外安全再下车。

（二）乘坐出租车的注意事项

1. 站在安全地带打车。

2. 车辆停稳后，直接打开车门上车，不要在车外询问价格等问题。

3. 记住车辆信息和驾驶员信息，以备不时之需。

4. 拒绝司机的议价、超载、绕道等违章行为。

五、活动评价

1. 坚持"学生参与即评价"的理念，通过活动的组织实施，学生学会自主乘坐出租车；

2. （课堂游戏）模拟乘坐出租车，检验乘车技能的掌握情况，学生互评，教师评价。

四年级主题活动

乘坐地铁

一、活动目标

1. 愿意自主乘坐地铁，逐步形成自主出行的意识；

2. 模拟乘坐地铁的过程，掌握乘坐地铁的技巧；

3. 学会自主乘坐地铁，逐步养成安全、绿色的出行习惯。

二、活动准备

（一）教学资料

1. 教学视频：搜集3~5个有关地铁的科普视频。

2. 教学课件：制作有关地铁知识的课件。

（二）组织人员

1. 教师：综合实践活动课教师。

2. 学生：班级全体学生分成若干组，每组推举1名组长。

（三）活动场地

学校：各班所在教室。

三、活动流程

"模拟乘坐地铁"活动步骤如下：

第一步：教师播放教学视频或教学课件，讲解乘坐地铁的常识。

第二步：教师组织学生以小组的形式开展"模拟乘坐地铁"活动。

第三步：教师组织学生分享"模拟乘坐地铁"活动感悟。

第四步：教师总结"模拟乘坐地铁"活动。

四、教学内容

（一）乘坐地铁的步骤

第一步：明确出行目的地，找准乘坐的路线。

第二步：进入站内去购票，检票进站找站台。

第三步：找准站台看方向，找准位置排好队。

第四步：进入地铁找空位，坐稳扶好听广播。

第五步：看清打开哪边门，拿好物品下车去。

第六步：观察路牌出站去，安全便捷自主行。

（二）乘坐地铁的注意事项

1. 等候地铁，站在黄色安全线后，先下后上。

2. 如有物品落入轨道，不要擅自跳下站台去捡，及时请求工作人员帮助。

3. 自觉遵守秩序，出站不要拥挤。

4. 当车门即将关闭时，不要强行进入。

5. 上车坐稳扶好，看好随身物品。

五、活动评价

1. 坚持"学生参与即评价"的理念，通过活动的组织实施，学生逐步掌握自主乘坐地铁的方法；

2. （课外活动）分小组围绕"乘坐地铁注意事项"展开标语制作活动，最后进行小组互评。

五年级主题活动

乘坐飞机

一、活动目标

1. 愿意自主乘坐飞机，逐步形成自主出行的意识；

2. 模拟乘坐飞机的过程，掌握乘坐飞机的技巧；

3. 学会自主乘坐飞机，逐步养成安全、绿色的出行习惯。

二、活动准备

（一）教学资料

教学课件：制作一份教学课件，插入介绍飞机知识的视频（含飞机场外景、飞机场内景、语音播报、检票台等素材）。

（二）组织人员

1. 教师：综合实践活动课教师。

2. 学生：班级全体学生分成若干组，每组推举1名组长。

（三）活动场地

学校：各班所在教室。

三、活动流程

"模拟乘坐飞机"活动步骤如下：

第一步：教师播放教学课件及视频，讲解乘坐飞机的常识。

第二步：教师组织学生以小组的形式开展"模拟乘坐飞机"活动，举办相关知识竞赛。

第三步：教师组织学生分享"模拟乘坐飞机"活动感悟，评出知识竞赛前三名并给予奖励。

第四步：教师总结"模拟乘坐飞机"活动。

四、教学内容

（一）乘坐飞机的步骤

第一步：明确出行目的地，持证预订飞机票。

第二步：牢记登机时间点，提前出门不慌乱。

第三步：找准柜台办值机，大件物品要托运。

第四步：持票通过安检口，登机口前静等候。

第五步：听清广播的通知，准时登机找位置。

第六步：切记系牢安全带，起飞之前关手机。

第七步：拿好物品下飞机，托运行李莫忘记。

（二）乘坐飞机的注意事项

1. 20寸以上行李需托运，经济舱一般每人携带行李不超过20千克。

2. 充电宝、电脑等含锂电池物品应随身携带，且充电容量不应超过2万毫安；酒类、100毫升以上的化妆品、牙膏等液态物品需要办理托运；打火机、氧气瓶等易燃易爆物不可带上飞机。

3. 起飞前半小时停止检票。

五、活动评价

1. 坚持"学生参与即评价"的理念，通过活动的组织实施，学生学会自主坐飞机；

2. （知识竞赛）围绕乘坐飞机的相关知识开展竞赛活动，以积分制的形式评出前三名并给予一定的物质奖励。

六年级主题活动

乘坐轮船

一、活动目标

1. 愿意自主乘坐轮船，逐步形成自主出行的意识；

2. 模拟乘坐轮船的过程，掌握乘坐轮船的技巧；

3. 学会自主乘坐轮船，逐步养成安全、绿色的出行习惯。

二、活动准备

（一）教学资料

教学课件：制作教学课件，介绍轮船相关知识（包括码头、检票点等）。

（二）组织人员

1. 教师：综合实践活动课教师。

2. 学生：班级全体学生分成若干组，每组推举1名组长。

（三）活动场地

学校：各班所在教室。

三、活动流程

"模拟乘坐轮船"活动步骤如下：

第一步：教师播放教学课件，讲解乘坐轮船的常识。

第二步：教师组织学生以小组的形式开展"模拟乘坐轮船"活动。

第三步：教师组织学生分享"模拟乘坐轮船"活动感悟。

第四步：教师对"模拟乘坐轮船"活动进行总结。

四、教学内容

（一）乘坐轮船的步骤

第一步：明确出行目的地，持证预订轮船票。

第二步：牢记登船时间点，提前出门不慌乱。

第三步：找准登船检票点，有序排队过安检。

第四步：登船找准座位号，放好行李并坐好。

第五步：听清广播的提醒，拿好行李就下船。

（二）乘坐轮船的注意事项

1. 不夹带危险物品上船。

2. 不乘坐缺乏救护设施、无证经营的小船。

3. 不乘坐超载船只、"三无"（无船名、无船籍、无船舶证书）船只。

4. 上船后仔细阅读紧急疏散示意图，熟悉救生衣存放处，掌握救生衣穿戴方法。

5. 按规定区域存放行李，不堵塞通道，不靠近水边。

五、活动评价

1. 坚持"学生参与即评价"的理念，通过活动的组织实施，学生学会自主乘坐轮船；

2.（实践活动）教师设定一个具体目的地（需以轮船为交通工具），学生自主选择交通工具并设计出行路线图（任何方式都可），对作品进行网络投票并在班级内展览优秀作品。

项目 2
家务分担

一、家务分担项目递进式教学实践图（图 4-5）

六年级
- 小小厨师

五年级
- 小小面点师

四年级
- 水果拼盘师

三年级
- 智能拖地机
- 房间整理师
- 小小"包"师傅

二年级
- 手动洗碗机
- 客厅整理师
- 煮饭小能手

一年级
- 餐桌服务员
- 鞋子整理师
- 择菜小帮手

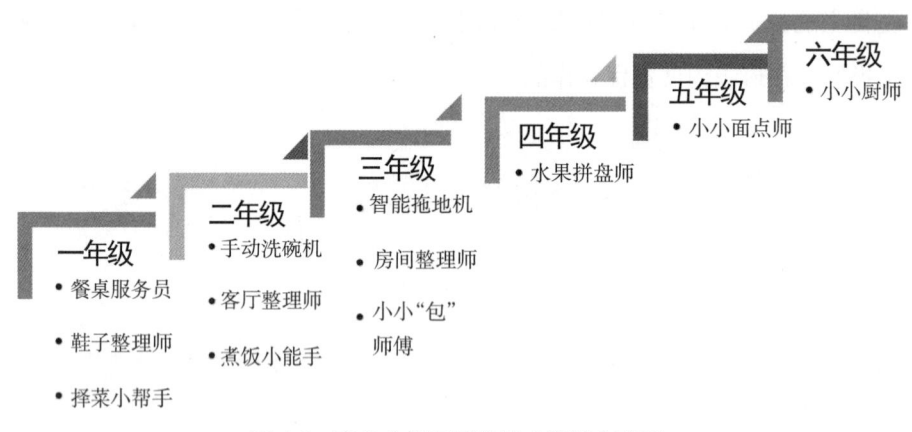

图 4-5　家务分担项目递进式教学实践图

二、家务分担项目教学实施计划表（表 4-2）

表 4-2　家务分担项目教学实施计划表

劳动主题	教学目标	年段目标	教学内容	组织教师	教学路径	评价方法
我会清洗	1.学会清扫餐桌、摆放餐具、打扫地面等，掌握快速清洁家具的小技巧； 2.经历清洗物品的过程，愿意主动参与日常清洁活动，体会到清理东西的不易； 3.体验清洁地面、餐桌等活动，养成主动清理、及时清理、干净清理的习惯，逐步形成劳动创造美的意识。	一年级：餐桌服务员 1.了解基础清洁工具的使用方法； 2.经历小组合作清洁餐桌的过程，学会快速清洁餐桌的方法和技巧； 3.体验清洁餐桌的乐趣，感受到"劳动使我快乐"的精神并喜欢劳动。	1.基础清洁工具的名称和作用； 2.清洁餐桌的方法和技巧。	劳动教师	劳动教育课	学生参与即评价（学生体验清洁餐桌的乐趣）。
		二年级：手动洗碗机 1.认识不同类型的洗碗工具及其使用方法，掌握洗碗的技巧； 2.经历合作洗碗的过程，体会到劳动的辛苦； 3.初步形成尊重他人劳动成果的意识，养成勤劳动的好习惯。	1.认识洗碗工具； 2.掌握洗碗的方法和技巧。	劳动教师	劳动教育课	学生参与即评价（学生愿意学习洗碗的方法与技巧）。

续表

劳动主题	教学目标	年段目标	教学内容	组织教师	教学路径	评价方法
我会清洗	1.学会清扫餐桌、摆放餐具、打扫地面等，掌握快速清洁家具的小技巧； 2.经历清洗物品的过程，愿意主动参与日常清洁活动，体会到清理东西的不易；	三年级：智能拖地机 1.了解清洁地面的工具及其使用方法； 2.通过观看教学示范，初步掌握拖地的方法和技巧； 3.体验清洁地面的过程，形成善劳动、爱劳动的好习惯。	1.了解清洁地面的工具； 2.掌握拖地的方法和技巧。	班主任	班会课	1.学生参与即评价； 2.（班会活动）通过开展"智能拖地机"班会活动，学生分享清洁过程中的心得体会以及小技巧，与班上同学进行交流，最后由教师点评与总结。
	3.体验清洁地面、餐桌等活动，养成主动清理、及时清理、干净清理的习惯，逐步形成劳动创造美的意识。	四到六年级：熟练运用技能，坚持做清洁。	在一至三年级的基础上更加熟练，并及时检测结果。	班主任	班会课	教师与学生评选每周最佳清洁员，颁发"清洁小能手"奖状。

续表

劳动主题	教学目标	年段目标	教学内容	组织教师	教学路径	评价方法
我会整理	1.领会整理各类物品的重要性，享受整理的乐趣；2.掌握整理物品的基本方法，能对物品进行分类；3.经历自主整理的过程，养成爱劳动、善整理的好习惯。	一年级：鞋子整理师 1.知道日常各类鞋子的名称；2.经历分类整理鞋子的过程，学会快速分类整理鞋子；3.通过整理鞋子的活动，体验分类整理物品的乐趣，获得成就感。	1.各类鞋子的名称；2.快速整理鞋子的方法。	劳动教师	劳动教育课	学生参与即评价（学生愿意主动学习鞋子的整理方法）。
		二年级：客厅整理师 1.通过认识客厅各类家具和物品，懂得如何更快地整理客厅；2.经历整理客厅的过程，体会整理客厅的辛苦，初步形成珍惜他人劳动成果的意识；3.初步养成爱劳动、勤劳动、注重细节的好习惯。	1.客厅各类物品的摆放规则；2.整理客厅的方法技巧。	劳动教师	劳动教育课	学生参与即评价（学生主动了解与学习整理客厅的方法）。

99

续表

劳动主题	教学目标	年段目标	教学内容	组织教师	教学路径	评价方法
我会整理	1.领会整理各类物品的重要性，享受整理的乐趣；2.掌握整理物品的基本方法，能对物品进行分类；3.经历自主整理的过程，养成爱劳动、善整理的好习惯。	三年级：房间整理师 1.借助整理房间的活动，体会分类的含义，渗透数学思想； 2.经历分类整理物品的过程，充分认识到珍惜他人劳动成果的重要性； 3.培养有条理地思考问题的能力，养成爱劳动、勤劳动、注重细节的好习惯。	1.对各类物品进行分类；2.物品摆放的基本规则。	班主任	班会课	1.学生参与即评价；2.（班会活动）学生整理好房间后拍照，教师和学生共同投票选出"最美房间"展示到文化墙上。
		四至六年级：熟练运用整理技能，坚持整理。	在一至三年级的基础上积累更多整理经验。	班主任	班会课	教师不定期布置整理任务并要求提交照片，由学生与家长进行自评。
我会烹饪		一年级：择菜小帮手 1.学会择菜的基本步骤和方法，体验劳动的乐趣，懂得食物需要洗净才能入口的道理； 2.经历择洗蔬菜的过程，培养家务动手能力； 3.初步培养劳动意识和环保意识以及从小热爱劳动的思想情感。	快速择菜的方法和具体步骤。	劳动教师	劳动教育课	学生参与即评价（学习择菜的方法并对自己进行夸奖鼓励）。

续表

劳动主题	教学目标	年段目标	教学内容	组织教师	教学路径	评价方法
我会烹饪	1.学生经历择菜、煮饭等实践过程,知道基本的烹饪知识和技巧; 2.通过品尝和欣赏自己做出的食物成品,获得劳动的成就感,形成勤俭节约、尊重劳动的意识; 3.在制作食物的过程中提升审美能力和动手能力,逐步养成勤劳善思、合理膳食的好习惯。	二年级：煮饭小能手 1.乐意主动分担家务,学会煮饭的方法和技巧; 2.体验煮饭的过程,能正确使用煮饭工具,培养动手能力; 3.小组合作煮饭,培养认真勤奋的劳动精神,初步养成勤劳善思、珍惜粮食的好习惯。	煮饭的方法及步骤。	劳动教师	劳动教育课	学生参与即评价(学习煮饭)。
		三年级：小小"包"师傅 1.了解抄手、饺子、汤圆等面点的制作过程,知道饺子、汤圆、抄手的寓意; 2.经历包饺子的过程,提升动手能力和团队协作能力; 3.经历小组合作、师生共同参与的过程,培养勤奋刻苦、尊重劳动的品质。	1.了解饺子、汤圆、抄手的寓意; 2.包饺子、汤圆、抄手的步骤和技巧。	班主任	综合实践活动课	1.学生参与即评价; 2.(实践活动)学生分组制作面点,将制作的面点送往食堂进行加工后,全班品尝。最后由学生进行分享与自我总结。

续表

劳动主题	教学目标	年段目标	教学内容	组织教师	教学路径	评价方法
我会烹饪	1.学生经历择菜、煮饭等实践过程，知道基本的烹饪知识和技巧；2.通过品尝和欣赏自己做出的食物成品，获得劳动的成就感，形成勤俭节约、尊重劳动的意识；3.在制作食物的过程中提升审美能力和动手能力，逐步养成勤劳善思、合理膳食的好习惯。	四年级：水果拼盘师 1.体验制作水果拼盘的过程，了解制作水果拼盘的步骤和注意事项；2.能正确使用水果刀、牙签、模具等工具，进一步提升动手能力和审美能力；3.经历拼盘制作和成果评价的过程，培养善于发现、懂得欣赏他人劳动成果的精神，养成多吃水果、合理膳食的好习惯。	1.不同水果配合食用对身体的益处；2.制作水果拼盘的技巧和方法。	班主任	班会课	1.学生参与即评价；2.（主题活动）开展"水果拼盘师"主题活动，学生分组制作水果拼盘，并展示作品，最后小组进行自评与互评，选出"最佳创意奖"。
		五年级：小小面点师 1.观察制作面点的全过程，掌握和面、揉面等做面点的方法与技巧；2.能正确使用擀面杖、蒸锅等工具，提升动手能力和审美能力；3.经历小组合作制作面点的过程，形成勤俭节约、尊重劳动的意识，养成良好的饮食习惯。	1.面点的主要风味和流派；2.制作面点的正确步骤及安全注意事项。	班主任	班会课	1.学生参与即评价；2.（班会活动）开展"小小面点师"活动，学生现场展示制作的面点，分享自己烹饪的糕点，并制作一张面点制作流程卡片。由学生投票选出"小小面点师"，教师进行总结与点评。

续表

劳动主题	教学目标	年段目标	教学内容	组织教师	教学路径	评价方法
我会烹饪		六年级：小小厨师 1. 体验制作菜肴的过程，掌握切菜、炒菜的基本方法和技巧； 2. 能正确使用菜刀、炒菜锅等厨具，了解各类调料的用途，提升动手操作能力和随机应变的能力； 3. 经历小组合作制作菜肴的过程，养成勤劳善思的劳动习惯。	1. 辨别各种调料； 2. 制作一道菜的基本步骤。	班主任	班会课	1. 学生参与即评价； 2.（班会活动）开展校园厨艺大赛，组织学生分组进行厨艺展示，小组互相品尝与评价后，邀请各科教师、家长、同伴进行品尝、点评，教师颁奖。

三、家务分担项目主题活动实施方案

主题活动一：我会清洗

"我会清洗"主题活动是紧紧围绕家居清洁这一核心生活技能展开的劳动教育，以一年级学会清扫餐桌、二年级学会清理碗筷、三年级学会打扫地面、四到六年级熟练运用技能为目标，设计进阶式主题活动方案，促进学生清洁卫生技能的提升和劳动习惯的养成。

一年级主题活动

餐桌服务员

一、活动目标

1. 了解餐桌上的基本礼仪，知道基础清洁工具的使用方法；

2. 经历小组合作清洁餐桌的过程，学会快速清洁餐桌的方法和技巧；

3.体验清洁餐桌的乐趣，感受到"劳动使我快乐"的精神并喜欢劳动。

二、活动准备

（一）教学资料

毛巾、洗洁精、清洁棉、教学视频，教师可根据情况自行调整。

（二）组织人员

教师：学生所在班级的劳动教师。

（三）活动场地

学校：各班所在教室。

三、活动流程

第一步：教师对学生进行分组并选定一名清洁组长。

第二步：教师组织学生观看关于餐桌上的基本礼仪和清洁用具使用方法的教学视频。

第三步：教师利用准备好的清洁用具进行示范讲解。

第四步：教师安排学生对自己中午吃饭所使用的餐桌进行清洁。

第五步：小组合作清洁餐桌，体验劳动的乐趣。

第六步：教师对本次活动进行总结与点评。

四、教学内容

（一）清洁餐桌的基本流程

第一步：碗筷重叠收一起，小心端进池子里。

第二步：清水浸泡清洁棉，小手轻轻拧一拧。

第三步：清洁棉遇洗洁精，搓搓起泡擦油渍。

第四步：干净毛巾清一清，餐桌立马变干净。

（二）知识链接

认识清洁餐桌的工具：

打扫餐桌很容易，清洁工具来帮你。

去除油污是第一，记得用上洗洁精。

清洁棉，吸吸水，搓出泡泡勿进嘴。

毛巾作用大无比，擦掉污水真干净。

五、活动评价

坚持"学生参与即评价"的理念，通过活动的组织实施，学生学会自主清洁餐桌。

二年级主题活动

手动洗碗机

一、活动目标

1. 认识不同类型的洗碗工具及其使用方法，掌握洗碗的技巧；

2. 经历合作洗碗的过程，体会到劳动的辛苦；

3. 初步形成尊重他人劳动成果的意识，养成勤劳动的好习惯。

二、活动准备

（一）教学资料

1. 教学视频：搜集3～5个与洗碗步骤和技巧相关的教学视频。

2. 清洁用具：洗洁精、洗碗巾、洗碗刷、洗碗手套。

（二）组织人员

教师：班级所在的劳动教师。

（三）活动场地

学校：各班所在教室与食堂洗碗池。

三、活动流程

第一步：教师对学生进行分组，指定每组组长。

第二步：教师组织学生观看洗碗的教学视频，学习洗碗的方法与技巧。

第三步：教师利用准备好的清洁用具展示洗碗技巧及注意事项。

第四步：教师带领学生来到洗碗池旁，学生分组合作洗碗。

第五步：教师对活动进行点评与总结。

四、教学内容

（一）清洁碗筷的基本流程

第一步：碗筷重叠收一起，小心端进池子里。

第二步：放入清水泡一泡，不忘加入洗洁精。

第三步：用手轻轻搅一搅，看见泡泡开始洗。

第四步：一手拿碗一手擦，清水冲洗亮晶晶。

第五步：干燥毛巾抹一抹，分类进柜整又齐。

（二）知识链接

认识清洁碗筷的工具：

洗碗手套颜色多，防水防油用处多。

洗碗刷毛细又软，保护厨具好帮手。

洗碗毛巾最常见，轻轻一抹真方便。

清洁工具多又多，洗碗刷锅不要愁。

五、活动评价

坚持"学生参与即评价"的理念，通过活动的组织实施，学生体验到劳动的快乐，知晓人人都要劳动的道理。

三年级主题活动

智能拖地机

一、活动目标

1. 了解清洁地面的工具及其使用方法；

2. 通过观看教学示范，初步掌握拖地的方法和技巧；

3. 体验清洁地面的过程，形成善劳动、爱劳动的好习惯。

二、活动准备

（一）教学资料

1. 教学视频：搜集 3～5 个清洁地面的教学视频。

2. 清洁用具：扫把、拖把、水桶、垃圾桶若干，适量小苏打、84 消毒液。

（二）组织人员

教师：学生所在班级班主任。

（三）活动场地

学校：各班所在教室内与学校走廊。

三、活动流程

第一步：教师对学生进行分组并指定组长。

第二步：教师组织学生观看清洁地面的教学视频，学习清洁地面的方法与技巧。

第三步：教师利用准备好的清洁用具演示清洁地面的技巧及注意事项。

第四步：教师安排学生分组分区域对地面进行清洁。

第五步：清洁结束后，学生分享清洁过程中的心得体会以及小技巧，与班上同学进行交流。

第六步：教师对本次活动进行点评与总结。

四、教学内容

（一）清洁地面的基本流程

第一步：桌椅板凳移一旁，空出脏乱的地方。

第二步：扫把规律地清扫，垃圾分类送到家（垃圾桶）。

第三步：温水倒入水桶中，直至完全地浸没。

第四步：倒入适量小苏打，拖把搅搅泡一泡。

第五步：多余水分需拧干，不让拖把全湿透。

第六步：地面一角开始做，从前往后倒退拖。

第七步：拖了一遍又一遍，顽固污渍总会散。

第八步：清洗拖把挂起来，防止腐烂划不来。

第九步：开窗通风干得快，复原桌椅才方便。

（二）知识链接

认识清洁地面的工具：

1. 扫把：用于清扫地面的灰尘、头发、沙粒等，与尘铲、垃圾桶一起使用。

2. 拖把：又叫地拖、墩布，在水桶浸泡拧至半干后，可用于擦除地面的污渍。选择把柄抓握顺手、吸水力强、占面积小的最合适。

3. 小苏打：一种化学物质，无毒无害，功能强大。在生活中可以当清洁剂来使用，可除污、除异味。

4. 84消毒液：一种有刺激性气味的液体，可以给周围环境和物体表面进行消毒，防止细菌滋生。

五、活动评价

坚持"学生参与即评价"的理念，通过活动的组织实施，学生对如何才能打扫干净地面有更清晰的认识，初步形成认真负责的态度。

主题活动二：我会整理

"我会整理"主题活动是紧紧围绕收纳整理这一核心生活技能展开的劳动教育，以一年级学会整理鞋子、二年级学会整理客厅、三年级学会整理房间、四至六年级熟练运用整理技能为目标，设计进阶式主题活动方案，促进学生家务劳动技能的提升和生活自理能力的提高。

一年级主题活动

鞋子整理师

一、活动目标

1. 知道各类鞋子的名称；

2. 经历分类整理鞋子的过程，学会快速分类整理鞋子；

3. 通过整理鞋子的活动，体验到分类整理物品的乐趣，获得成就感。

二、活动准备

（一）教学资料

教学用具：皮鞋、布鞋、高跟鞋、凉鞋、拖鞋等各类鞋子（图片或实物），视具体教学情况和条件决定。

（二）组织人员

1. 教师：学生所在班级劳动教师。

2. 家长：照顾学生日常生活的监护人。

（三）活动场地

1. 学校：各班所在教室。

2. 家庭：客厅。

三、活动流程

第一步：教师利用教学用具讲解鞋子分类与整理的方法与技巧。

第二步：教师在家长群布置分类与整理鞋子的课后作业，要求家长在家指导学生对鞋子进行分类。

第三步：家长指导学生在家自主整理鞋柜。

四、教学内容

（一）整理鞋子的基本流程

第一步：所有鞋子放一起，不合适的要舍弃。

第二步：打开柜子按人分，自己鞋子放一起。

第三步：春夏秋冬不一样，当季鞋子当季存。

第四步：鞋柜整整又齐齐，整理收纳我最行。

（二）知识链接

鞋子的分类方法：

鞋子分类办法多，机智如我要记牢。

穿用对象很重要，男女老少不一样。

不同季节要适宜，单夹棉凉须分清。

皮鞋布鞋高跟鞋，款式多样分类放。

五、活动评价

坚持"学生参与即评价"的理念，通过活动的组织实施，学生学会自主整理与分类鞋子。

二年级主题活动

客厅整理师

一、活动目标

1. 通过认识客厅各类家具和物品，懂得如何更快地整理客厅；

2. 经历整理客厅的过程，体会整理的辛苦，初步形成珍惜他人劳动成果的意识；

3. 初步养成爱劳动、勤劳动、注重细节的好习惯。

二、活动准备

（一）教学资料

1. 教学视频：搜集3～5个认识客厅各类物品、整理客厅的教学视频。

2. 教学用具：各类家具物品的卡片。

（二）组织人员

1. 教师：学生所在班级劳动教师。

2. 家长：照顾学生日常生活的监护人。

（三）活动场地

1. 学校：各班所在教室。

2. 家庭：客厅。

三、活动流程

第一步：教师利用教学用具在课上讲解客厅的家具名称以及物品分类的小技巧。

第二步：教师布置整理客厅的课后作业，要求家长在家指导学生整理客厅。

第三步：家长指导学生在家自主整理客厅。

四、教学内容

整理客厅的基本流程如下：

第一步：客厅物品分类放，用途外貌不一样。

第二步：拿起抹布擦一擦，灰尘污渍无处跑。

第三步：地板清理放最后，物品还原真美妙。

第四步：定期打扫少不了，客厅整齐无烦恼。

五、活动评价

坚持"学生参与即评价"的理念，通过活动的组织实施，学生学会自主整理客厅。

三年级主题活动

房间整理师

一、活动目标

1.通过对物品的收纳整理，掌握分类的概念；

2.经历分类整理物品的过程，充分认识到珍惜他人劳动成果的重要性；

3.培养理性思考问题的能力，养成爱劳动、勤劳动、注重细节的好习惯。

二、活动准备

（一）教学资料

教学课件：课件内容涵盖房间整理的小技巧。

（二）组织人员

1.教师：学生所在班级班主任。

2.家长：照顾学生日常生活的监护人。

（三）活动场地

1. 学校：各班所在教室。

2. 家庭：卧室。

三、活动流程

第一步：教师布置整理房间的课后作业，要求家长在家指导学生整理房间。

第二步：家长在家指导学生整理房间，完成后进行成果拍照。

第三步：教师将学生的成果进行展示，由学生进行投票，选出"最美房间"。

第四步：教师将优秀的成果放到班级文化墙上展示，点评与总结本次活动。

四、教学内容

整理房间的基本流程如下：

第一步：整理房间超简单，清理垃圾是第一。

第二步：柜子桌椅抹干净，书籍一一放整齐。

第三步：闲置物品要丢弃，腾出空间好整理。

第四步：珍贵物品放一起，闲置衣服捐出去。

五、活动评价

坚持"学生参与即评价"的理念，通过活动的组织实施，学生进行自评与他评，树立典型和榜样示范，激发劳动热情。

主题活动三：我会烹饪

"我会烹饪"主题活动是紧紧围绕学生制作简单的家常餐这一核心生活技能展开的劳动教育，以一年级学择蔬菜、二年级学煮米饭、三年级学包饺子、四年级学做水果拼盘、五年级学做面点、六年级学做番茄炒鸡蛋为目标，设计进阶式主题活动方案，提升学生生活自理能力，增强勤俭节约意识。

一年级主题活动

择菜小帮手

一、活动目标

1. 学会择菜的基本步骤和方法，体验劳动的乐趣，懂得食物需要洗净才能入口的道理；

2. 经历择洗蔬菜的过程，培养家务动手能力；

3. 初步培养劳动意识和环保意识。

二、活动准备

（一）教学资料

1. 教学视频：搜集 3～5 个择菜的教学视频。

2. 教学用具：蔬菜、菜篮、菜盆、垃圾桶等，视具体教学情况而定。

（二）组织人员

1. 教师：学生所在班级劳动教师。

2. 家长：照顾学生日常生活的监护人。

（三）活动场地

1. 学校：各班所在教室。

2. 家庭：厨房。

三、活动流程

第一步：教师组织学生观看择菜的教学视频，学习择菜的方法与技巧。

第二步：教师利用准备好的蔬菜演示择菜技巧及注意事项。

第三步：教师在家长群布置择菜课后作业，要求家长在家指导学生择菜。

第四步：家长指导学生在家自主择菜。

四、教学内容

择菜的基本流程如下：

第一步：大蔬菜，绿油油，切掉菜根把叶留。

第二步：叶黄的，虫眼的，坏的菜叶扔进桶。

第三步：取大盆，放温水，洗净泥土再捞出。

第四步：甩一甩，放菜篮，交给妈妈来做菜。

五、活动评价

坚持"学生参与即评价"的理念，通过活动的组织实施，学生学会自主择菜，感受到劳动的艰辛和收获的快乐，增强成就感。

> 二年级主题活动

煮饭小能手

一、活动目标

1. 乐意主动分担家务，学会煮饭的方法和技巧；

2. 体验煮饭的过程，能正确使用煮饭工具，培养动手能力；

3. 探索煮饭的过程，培养认真勤奋的劳动精神，初步养成勤劳善思、珍惜粮食的好习惯。

二、活动准备

（一）教学资料

1. 教学视频：搜集3～5个有关烹饪米饭的方法与技巧的教学视频。

2. 教学用具：大米若干，水若干，视教学情况而定。

（二）组织人员

1. 教师：学生所在班级劳动教师。

2. 家长：照顾学生日常生活的监护人。

（三）活动场地

1. 学校：各班所在教室。

2. 家庭：厨房。

三、活动流程

第一步：教师组织学生观看煮饭的教学视频，学习煮饭的方法与技巧。

第二步：教师利用准备好的大米与水演示煮饭的过程及注意事项。

第三步：教师布置煮饭的课后作业，要求家长在家指导学生煮饭。

第四步：家长指导学生在家自主煮饭并一起享用。

四、教学内容

煮饭的基本流程如下：

第一步：烹煮米饭我最行，锅壁锅底擦干净。

第二步：挑拣大米又淘洗，反复搓洗水变清。

第三步：加水没过一点点，盖上盖子插电源。

第四步：开始煮饭静等待，煮饭能手人人赞。

五、活动评价

坚持"学生参与即评价"的理念，通过活动的组织实施，学生学会自主煮饭，培养珍惜粮食的好习惯。

三年级主题活动

小小"包"师傅

一、活动目标

1. 了解抄手、饺子、汤圆等面点的制作过程，知道饺子、汤圆、抄手的寓意；

2. 经历包饺子的过程，提升动手能力和团队协作能力；

3. 经历小组合作、师生共同参与的过程，培养勤奋刻苦、尊重劳动的品质。

二、活动准备

（一）教学资料

1. 教学视频：搜集3～5个包饺子的教学视频。

2. 教学用具：饺子馅若干、饺子皮若干，大小盘子若干，视具体教学需要而定。

（二）组织人员

教师：学生所在班级班主任。

（三）活动场地

学校：各班所在教室。

三、活动流程

第一步：教师对学生进行分组，指定一名组长。

第二步：教师组织学生学习包饺子的教学视频，学习包饺子的方法与技巧。

第三步：教师利用准备好的饺子皮与饺子馅演示包饺子的技巧及注意事项。

第四步：教师组织学生分组包饺子。

第五步：教师将包好的饺子送进食堂加工。

第六步：学生与教师共同品尝包好的饺子。

第七步：学生分享本次包饺子的过程中的心得体会，相互交流。

第八步：教师对本次活动进行点评与总结。

注：教师可选择每年冬至时开展"包饺子"活动。

四、教学内容

包饺子的基本流程如下：

第一步：轻拿面皮放手心，肉馅适量放中间。

第二步：手指卷回掌心上，面皮对称折叠好。

第三步：左上角，沾点水，中指上扬似蝴蝶。

第四步：左右两角捏一起，好似元宝讨人喜。

五、活动评价

坚持"学生参与即评价"的理念，通过活动的组织实施，学生学会自主包饺子，享受自身劳动成果，感知到劳动的乐趣，增强独立劳动的自信心。

> 四年级主题活动

水果拼盘师

一、活动目标

1. 体验制作水果拼盘的过程，了解制作水果拼盘的步骤和注意事项；

2. 能正确使用水果刀、牙签、模具等工具，进一步提升动手能力和审美能力；

3. 经历拼盘制作和成果评价的过程，培养善于发现、懂得欣赏他人劳动成果的精神，养成多吃水果、合理膳食的好习惯。

二、活动准备

（一）教学资料

1. 教学课件：制作水果拼盘的方法以及小技巧。

2. 学生准备：各种水果、好看的盘子等。

（二）组织人员

教师：学生所在班级班主任。

（三）活动场地

学校：各班所在教室。

三、活动流程

第一步：教师对学生进行分组，指定1名组长。

第二步：教师讲解制作水果拼盘的方法与技巧。

第三步：教师组织学生分组制作水果拼盘。

第四步：学生将制作的水果拼盘进行展示，由小组进行自评与互评。学生做评委选出："最佳创意奖"——构思巧妙；"最佳制作奖"——作品精美；"最佳合作奖"——团结协作。

第五步：教师对本次活动进行点评与总结。

注：教师可选择每年夏季学期开展"水果拼盘师"主题活动。

四、教学内容

制作水果拼盘的基本流程如下：

第一步：确立主题巧构思，色彩形状要和谐。

第二步：挑选水果来组合，颜色形状和营养。

第三步：设计形状讲方法，切剥削割差异大。

第四步：搭配摆放讲究多，颜色容器需美丽。

五、活动评价

坚持"学生参与即评价"的理念，通过活动的组织实施与全方位多元化的评价，多方位地考查学生在劳动教育活动中的表现，培养学生重过程轻结论的观念，享受劳动带来的幸福感。

五年级主题活动

小小面点师

一、活动目标

1. 观察制作面点的全过程，掌握和面、揉面等做面点的方法与技巧；

2. 能正确使用擀面杖、蒸锅等工具，提升动手能力和审美能力；

3. 经历制作面点的过程，形成勤俭节约、尊重劳动的意识，养成良好的饮食习惯。

二、活动准备

（一）教学资料

1. 教学视频：搜集3～5个做馒头的方法与技巧的教学视频。

2. 教学用具：面板、刀、水、面粉、酵母、盆、蒸锅、纱布等，视具体教学需要而定。

（二）组织人员

教师：学生所在班级班主任。

（三）活动场地

学校：各班所在教室。

三、活动流程

第一步：教师对学生进行分组，指定1名组长。

第二步：教师组织学生学习做馒头相关教学视频，学习和面、揉面的方法与技巧。

第三步：教师利用准备好的教学用具演示做馒头的技巧及注意事项。

第四步：教师布置制作馒头的课后作业，要求家长在家指导学生制作馒头。

第五步：家长指导学生在家制作馒头，并且制作一张面点制作流程图。

第六步：学生展示成果并投票选出"小小面点师"。

第七步：教师对本次活动进行点评与总结。

四、教学内容

（一）做馒头的基本流程

第一步：碗中放点酵母粉，倒入温水来融化。

第二步：面粉倒入大盆中，少量多次加水和。

第三步：快速搅拌成面糊，揉搓成团至"三光"（面光、手光、盆光）。

第四步：盖上纱布耐心等，直到出现蜂窝状。

第五步：揉匀面团放气泡，先搓长条后切块。

第六步：放入锅中蒸一蒸，馒头香甜又蓬松。

（二）知识链接

面点的主要风味和流派如下：

1. 京式面点：口味咸鲜，柔软松嫩，馅心肉嫩多汁。拥有四大面食绝技：小刀面、刀削面、抻面和拨鱼面。

2. 苏式面点：口味厚重，色深微甜，馅心汁多肥嫩。主要代表有镇江蟹黄汤包、无锡小笼包、扬州三丁包。

3.广式面点：轻油重糖，皮薄馅多，口味甜中带咸。主要代表品有叉烧包、虾饺、广式月饼、沙琪玛。

五、活动评价

坚持"学生参与即评价"的理念，通过活动的组织实施，学生学会简单面点的制作，提升动手能力和审美情趣。

六年级主题活动

小小厨师

一、活动目标

1. 体验制作菜肴的过程，掌握切菜、炒菜的基本方法和技巧；

2. 能正确使用菜刀、炒菜锅等厨具，了解各类调料的用途，提升动手操作能力和随机应变的能力；

3. 经历小组合作制作菜肴的过程，养成勤劳善思的劳动习惯。

二、活动准备

（一）教学资料

炒菜锅、菜板、菜刀、菜盆、各类调料等。

（二）组织人员

1. 教师：学生所在班级班主任以及各科老师。

2. 家长：照顾学生日常生活的监护人。

（三）活动场地

学校：食堂。

三、活动流程

第一步：教师对学生进行分组，指定1名组长。

第二步：教师讲授做菜的基本步骤，以西红柿炒鸡蛋为例。

第三步：教师组织学生分组制作菜肴。

第四步：学生展示制作的菜，教师与家长品尝并评价。

第五步：教师对本次活动进行点评与总结。

四、教学内容

（一）西红柿炒鸡蛋的基本流程

第一步：将西红柿、大葱、蒜苗等食材用流动的清水洗净，放入菜篮中。

第二步：西红柿去皮，切成两半，再切成小块装入盘中。大葱切碎成葱花，蒜苗切成小段，放入料碗中备用。

第三步：取适量鸡蛋打入碗中，搅拌均匀后放入少许食盐调味。

第四步：在锅中加入适量的清水，大火烧开后将西红柿倒入水中，焯水20秒后盛于盘中备用。

第五步：将炒菜锅烧干后，加入适量食用油，直至用干筷子放入油锅中冒泡时，倒入鸡蛋液。

第六步：待鸡蛋定型成块后，用锅铲轻轻翻动鸡蛋，3～5秒后盛入盘中备用。

第七步：锅中再次加入少量食用油，放入切好的葱花，炒出香味至微微发黄。

第八步：在锅中倒入焯过水的西红柿，翻炒三下后放入适量的食盐、味精、白糖，再次翻动三下，炒出汤汁。

第九步：将炒好的鸡蛋倒入锅中，快速翻炒，让鸡蛋吸足汤汁。

第十步：加入少许香油和备好的蒜苗段，翻炒三下后盛入盘中。

（二）知识链接

常用液体调味料以及固体液体混合调味料的用途：

液体调料种类多，酱油蚝油豆瓣酱。

红烧卤味用酱油，色泽好看味更鲜。

蚝油味咸又提鲜，油爆豆瓣色味全。

米酒去腥麻油香，辣酱添辣勿入眼。

常用固体调味料的用途：

百味之王是食盐，提鲜杀菌防腐烂。

味精提味醋健胃，白糖红糖益气行。

胡椒驱寒可热饮，花椒消肿去腹水。

生姜暖胃驱寒邪，蒜葱生吃促食欲。

五、活动评价

坚持"学生参与即评价"的理念，通过活动的组织实施，学生学会制作简单菜肴，进一步提升动手能力。

项目 3 亲情共建

一、亲情共建项目递进式教学实践图（图4-6）

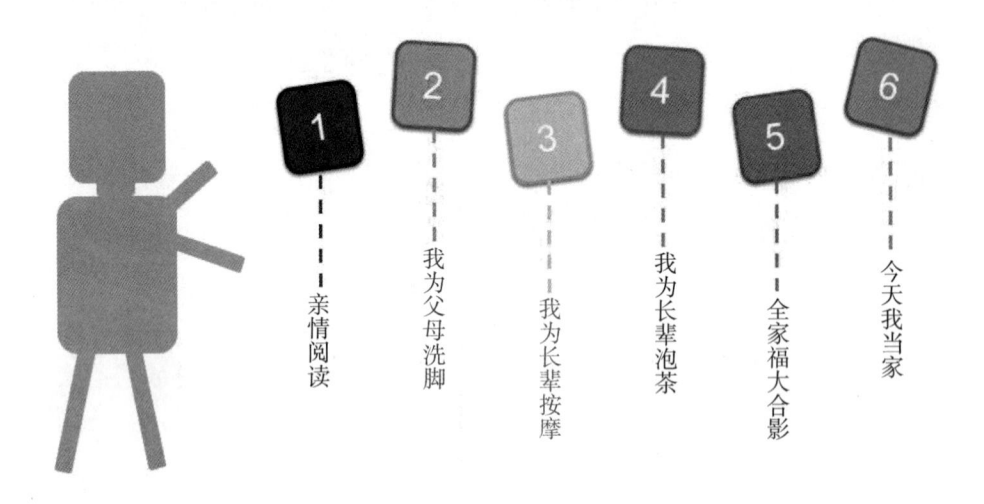

1. 亲情阅读
2. 我为父母洗脚
3. 我为长辈按摩
4. 我为长辈泡茶
5. 全家福大合影
6. 今天我当家

图 4-6　亲情共建项目递进式教学实践图

二、亲情共建项目教学实施计划表（表4-3）

表4-3 亲情共建项目教学实施计划表

年级	劳动主题	教学目标	教学内容	组织教师	教学路径	评价方式
一年级	亲情阅读	1. 和父母一起读书，享受与父母一起读书的快乐； 2. 掌握正确的读书方法； 3. 养成良好的阅读习惯。	1. 发现亲情； 2. 阅读亲情； 3. 正确表达爱的方式； 4. 学着去记录亲情。	班主任+家长（以家长为主）	综合实践活动课	学生参与即评价（学生与父母一同阅读）。
二年级	我为父母洗脚	1. 愿意主动为父母洗脚，学会向父母表达爱； 2. 掌握洗脚的基本步骤和方法； 3. 养成经常为父母洗脚的习惯； 4. 体验给父母洗脚的过程，增强热爱父母的情感。	1. 认识洗护用品； 2. 为父母洗脚的步骤和方法； 3. 洗脚过程中的注意事项； 4. 为父母洗脚的意义。	班主任+家长（以家长为主）	综合实践活动课	学生参与即评价（学生学会对父母表达爱）。
三年级	我为长辈按摩	1. 愿意主动给长辈按摩，初步形成关心长辈、孝敬父母的意识； 2. 学会推、按、揉、捏等按摩的基本方法和技巧； 3. 养成每天为长辈按摩的习惯； 4. 经历给长辈按摩的过程，培养乐于奉献的精神。	1. 按摩的作用； 2. 按摩的基本方法； 3. 按摩的注意事项； 4. 推、按、揉、捏的区别和作用。	班主任+家长（以家长为主）	综合实践活动课	学生参与即评价（学生愿意主动为长辈按摩）。

续表

年级	劳动主题	教学目标	教学内容	组织教师	教学路径	评价方式
四年级	我为长辈泡茶	1. 乐于学习泡茶的方法，主动为父母泡茶，学会关爱父母；2. 初步了解茶具及其作用，学习泡茶的基本步骤和技巧；3. 养成为家人泡茶，服务他人的习惯；4. 体验泡茶、品茶活动，培养乐于服务他人的精神。	1. 了解茶的历史；2. 认识茶具、茶叶，了解冲泡水温；3. 泡茶、品茶的基本步骤和方法；4. 泡茶过程中的注意事项。	班主任+家长	班会课	学生参与即评价；（主题活动）学生参加泡茶活动，投票选出"泡茶小能手"。
五年级	全家福大合影	1. 形成主动记录幸福的意识；2. 掌握拍照的方法；3. 经历合影，体会亲情的温暖与幸福；4. 培养热爱生活的品质。	1. 学会拍照；2. 掌握用相机记录幸福时刻的方法与技巧；3. 感受合影的快乐与亲情的温暖。	班主任+家长（以家长为主）	班会课	1. 学生参与即评价；2. （班会活动）学生展示自己的全家福，分享全家福背后的快乐与亲情并与同学进行交流，教师进行点评和总结。
六年级	今天我当家	1. 学习安排家庭的一天，培养为家庭服务的意识；2. 掌握做家务、安排生活开支的技巧和方法；3. 了解做家务的注意事项；4. 体会父母每日的操劳与辛苦，增强责任感。	1. 知道当家一天的辛苦；2. 知道家务怎么做；3. 掌握记录家庭开销的具体步骤和方法；4. 了解做家务的注意事项。	班主任+家长（以家长为主）	班会课	学生参与即评价；（班会活动）教师组织"当家做主"分享大会，学生分享自己"当家做主"的收获，教师进行点评和总结。

三、亲情共建项目主题活动实施方案

> 一年级主题活动

亲情阅读

一、活动目标

1. 和父母一起读书，享受与父母一起读书的快乐；

2. 掌握正确的读书方法；

3. 养成良好的阅读习惯。

二、活动准备

（一）教学资料

1. 推荐书目：《猜猜我有多爱你》《蚯蚓日记》《盘古开天地》《女娲补天》《夸父逐日》等。

2. 教学课件：关于阅读的注意事项与要求。

（二）组织人员

1. 教师：学生所在班级班主任。

2. 家长：照顾学生日常生活的监护人。

（三）活动场地

1. 学校：各班所在教室。

2. 家庭：卧室或书房。

三、活动流程

第一步：教师推荐阅读书目。

第二步：教师讲解阅读的注意事项与要求。

第三步：教师在家长群布置亲子阅读的课后作业，要求家长在家陪伴孩子阅读（家长可自行先阅读）。

第四步：家长在群里分享感悟。

第五步：教师对本次活动进行点评与总结。

四、教学内容

共享亲情阅读活动步骤如下：

第一步：爸爸妈妈，快过来，我们一起来读书。

第二步：爸爸在左妈在右，《猜猜我有多爱你》。

第三步：《蚯蚓日记》真有趣，听我来给你们讲。

第四步：你讲《盘古开天地》，我来将它画下来。

第五步：一起看《女娲补天》，一起读《夸父逐日》。

第六步：亲子读书有意思，我也能讲小故事。

第七步：爸妈陪伴有温暖，书中情节更有爱！

五、活动评价

坚持"学生参与即评价"的理念，通过活动的组织实施，学生体会到与父母一起阅读的快乐，感受到阅读的乐趣。

二年级主题活动

我为父母洗脚

一、活动目标

1.愿意主动为父母洗脚，学会向父母表达爱；

2.掌握洗脚的基本步骤和方法；

3.养成经常为父母洗脚的习惯；

4.体验给父母洗脚的过程，增强热爱父母的情感。

二、活动准备

（一）教学资料

1.教学课件：为父母洗脚的注意事项与要求，插入2～3个关于亲情的动画短片。

2. 学生准备（在家）：温水、草药包、毛巾等。

（二）组织人员

1. 教师：学生所在班级班主任。

2. 家长：照顾学生日常生活的监护人。

（三）活动场地

1. 学校：各班所在教室。

2. 家庭：卧室或客厅。

三、活动流程

第一步：教师讲解洗脚时的注意事项与要求。

第二步：教师组织学生观看关于亲情的温馨短片。

第三步：教师在家长群布置为父母洗脚的课后作业，要求孩子为父母洗脚。

第四步：家长在群里分享感悟。

第五步：教师对本次活动进行点评与总结。

四、教学内容

我为父母洗脚活动步骤如下：

第一步：爸爸妈妈辛苦啦，我来给你洗洗脚。

第二步：盆中装好洗脚水，热水注意防烫伤。

第三步：水温不烫刚刚好，爸爸妈妈请坐好。

第四步：撸起袖子把活干，脱下鞋袜把脚洗。

第五步：按按妈妈大脚丫，辛苦疲惫都跑掉。

第六步：洗洗脚面搓脚跟，快乐幸福天天有。

第七步：毛巾擦干大脚丫，妈妈夸我好宝宝。

第八步：脚丫放进大拖鞋，洗脚水倒厕所里。

第九步：爸爸你也别着急，洗脚小工马上来。

第十步：爸爸妈妈真辛苦，今天我也能帮忙！

五、活动评价

坚持"学生参与即评价"的理念，通过活动的组织实施，学生体会到家庭的温暖，愿意表达对父母的关爱。

三年级主题活动

我为长辈按摩

一、活动目标

1. 愿意主动给长辈按摩，初步形成关心长辈、孝敬父母的意识；

2. 学会推、按、揉、捏等按摩的基本方法和技巧；

3. 养成为长辈按摩的习惯。

4. 经历给长辈按摩的过程，培养乐于奉献的精神。

二、活动准备

（一）教学资料

1. 教学课件：为长辈按摩时的注意事项与要求。

2. 学生准备（在家）：精油，按摩手法（视具体按摩需求而定）。

（二）组织人员

1. 教师：学生所在班级班主任。

2. 家长：照顾学生日常生活的监护人。

（三）活动场地

1. 学校：各班所在教室。

2. 家庭：卧室或客厅。

三、活动流程

第一步：教师讲解为长辈按摩时的注意事项与要求。

第二步：教师组织学生给同桌按摩，相互提出建议。

第三步：教师在家长群布置为长辈按摩的课后作业，要求学生为长辈按摩。

第四步：学生在群里分享感悟。

第五步：教师对本次活动进行点评与总结。

四、教学内容

我为长辈按摩活动步骤如下：

第一步：爷爷奶奶快过来，我来给你按按摩。

第二步：奶奶奶奶真辛苦，帮你揉揉太阳穴。

第三步：按按鼻根揉眼眶，烦恼通通都跑掉。

第四步：四指揉按风池穴，血液循环促凝神。

第五步：掌心搓热按颈部，肌肉放松真舒服。

第六步：捏捏肩膀揉揉臂，全身按摩最有用。

第七步：爷爷爷爷最辛苦，快速坐好享按摩！

五、活动评价

坚持"学生参与即评价"的理念，通过活动的组织实施，学生形成主动为长辈按摩的意识，培养乐于奉献的精神。

四年级主题活动

我为长辈泡茶

一、活动目标

1. 乐于学习泡茶的方法，主动为父母泡茶，学会关爱父母；

2. 初步了解茶具及其作用，学会泡茶的基本步骤和技巧；

3. 养成为家人泡茶，服务他人的习惯；

4. 体验泡茶、品茶活动，培养乐于服务他人的精神。

二、活动准备

（一）教学资料

1. 教学视频：搜集 3～5 个泡茶的方法与技巧的教学视频。

2. 教学用具：杯子、抹布、茶叶等。

（二）组织人员

教师：学生所在班级班主任。

（三）活动场地

学校：各班所在教室。

三、活动流程

第一步：教师对学生进行分组，指定 1 名组长。

第二步：教师组织学生学习泡茶的教学视频，学习泡茶的方法与技巧。

第三步：教师利用准备好的教学用具演示泡茶的技巧及注意事项。

第四步：教师组织学生分组泡茶。

第五步：学生品尝后投票选出"泡茶小能手"。

第六步：教师在家长群布置为长辈泡茶的课后作业，要求学生为长辈泡茶。

第七步：教师对本次活动进行点评与总结。

四、教学内容

我为长辈泡茶活动步骤如下：

第一步：杯子热水还差茶，注意安全心不慌。

第二步：茶叶少许放杯中，数数人数差几杯。

第三步：热水危险防烫伤，热水倒进杯子里。

第四步：切勿多倒防溢出，热水轻拿要轻放。

第五步：爷爷奶奶快过来，爸爸妈妈快坐好。

第六步：茶里有爱享温暖，水中有情常相伴。

五、活动评价

坚持"学生参与即评价"的理念，通过活动的组织实施，学生学会主动为父母泡茶，形成关爱父母的意识。

五年级主题活动

全家福大合影

一、活动目标

1. 形成主动记录幸福时刻的意识；

2. 掌握拍照的方法；

3. 经历合影的过程，体会亲情的温暖与幸福；

4. 培养热爱生活的品质。

二、活动准备

（一）教学资料

学生准备：全家福合影。

（二）组织人员

教师：学生所在班级班主任。

（三）活动场地

学校：各班所在教室。

三、活动流程

第一步：教师组织学生准备全家福合影与故事分享。

第二步：学生上台进行分享，与同学交流。

第三步：教师对本次活动进行点评与总结。

四、教学内容

全家福大合影活动步骤如下：

第一步：全家欢乐来拍照，喜气洋洋全家福。

第二步：爷爷奶奶快坐好，外公外婆别站着。

第三步：爸爸妈妈站两边，叔叔婶婶也别忘。

第四步：哥哥姐姐站后面，弟弟妹妹站前面。

第五步：找好角度按延时，快速跑到爸妈边。

第六步：一二三四五六七，睁大双眼说茄子。

五、活动评价

坚持"学生参与即评价"的理念，通过活动的组织实施，学生学会记录生活，热爱生活。

六年级主题活动

今天我当家

一、活动目标

1. 学习安排家庭的一天，培养为家庭服务的意识；

2. 掌握做家务、安排生活开支的技巧和方法；

3. 了解做家务的注意事项；

4. 体会父母每日的操劳与辛苦，增强责任感。

二、活动准备

（一）教学资料

学生准备：分享体会。

（二）组织人员

教师：学生所在班级班主任。

（三）活动场地

学校：各班所在教室。

三、活动流程

第一步：教师课前在家长群布置任务，要求学生安排家庭的一天，提出注意事项与要求。

第二步：教师组织学生上台分享当家做主的体会，与同学交流。

第三步：教师对本次活动进行点评与总结。

四、教学内容

今天我当家活动步骤如下：

第一步：爸爸妈妈辛苦了，今天孩子要当家。

第二步：柴米油盐都很贵，认真计划是关键。

第三步：翻开冰箱看食材，超市购物要节约。

第四步：食材新鲜最重要，健康饮食全靠它。

第五步：买好东西往家走，食材放进冰箱中。

第六步：父母赚钱不容易，到家记得要记账。

第七步：打扫卫生很重要，环境干净做饭香。

第八步：收拾客厅要拖地，茶几上面擦干净。

第九步：洗洗衣服拖拖地，厕所水渍要拖干。

第十步：万事做好去做饭，洗菜切菜要小心。

第十一步：仔仔细细把菜洗，不要心慌把手切。

第十二步：锅中放油要仔细，锅中无水是前提。

第十三步：根据菜谱把菜放，香味四溢把菜盛。

第十四步：摆好碗筷喊爸妈，细细品味把饭吃。

第十五步：爸爸妈妈听我说，以后家务我来做。

第十六步：做得不好勿嫌弃，孩子慢慢在学习。

第十七步：爸爸妈妈我爱你，天天陪伴不嫌久。

五、活动评价

坚持"学生参与即评价"的理念，通过活动的组织实施，学生体会到父母的辛苦，培养责任感和为家庭奉献的精神。

第五章
生产劳动

劳动教育要注重实践引导，在课本理论知识的指导下，让学生在做中学、学中做，激发他们参与劳动的主动性、积极性和创造性，逐步熟练掌握各种劳动技术。本章聚焦培养学生的动手能力，拓展知识维度，根据小学生的思维发展水平，探究出融种植、养殖和手工制作于一体的系统化、多样化的生产劳动教育实践案例（图 5-1）。

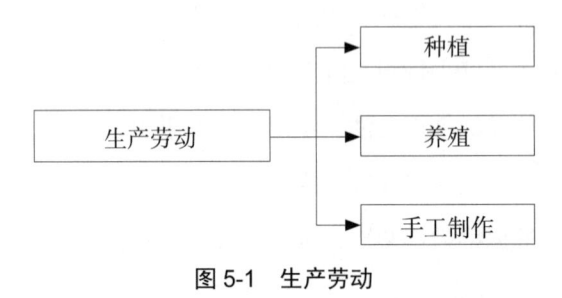

图 5-1　生产劳动

一、种植项目

学习种植是小学素质教育的重要内容之一，在校园内开展种植实践体验活动，有利于调动小学生对植物的天然好奇心，在亲身参与种植的过程中培养对植物生长过程的观察力。全员参与种植也是学校劳动教育的特色之一，它让校风更加求实，让学校更加富于凝聚力。全校共种植，全校共劳动，全校共幸福。

二、养殖项目

养殖劳动教育让学生进行有目的的、系统的、持久的观察和实验，让学生见证生命的诞生，见证小动物生长、发育、繁殖的生命历程，感受生命在大自然中孕育与生存的艰难，在活动中懂得珍惜生命、敬畏生命。因此，养殖劳动教育实践主要根据学生的心理发展以及能力发展，让小学低段学生照顾比较温顺可爱的小动物，体会劳动的快乐；中段学生照顾农家常养的小动物，体会劳动的价值；高段学生照顾漂亮有趣的禽类，体会劳动的美。

三、手工制作项目

手工制作对于培养学生对材料的感知力，对培养学生的设计能力、动手能力、想象力等极为重要，能体现学生的独特个性及创新才能。学生用自己充满魔法的双手创造幸福与快乐，体会劳动的幸福与乐趣。商店售卖的商品，学生难以想象其制作过程，难以体会到其制作的不易，也就觉得丢弃起来毫不可惜。而手工制作能帮助学生与周围的事物建立起真正的联系，使学生真正了解物品生产的过程，珍惜劳动的成果。因此，为一、二、三年级设计简单易制作的手工项目，帮助学生建立手工制作的信心；四、五年级学生学习用针线和布料制作工艺品，拓展知识面；六年级开展创意画活动，让学生的艺术修养得到进一步提高。

项目 4 种 植

一、种植项目递进式教学实践图（图 5-2）

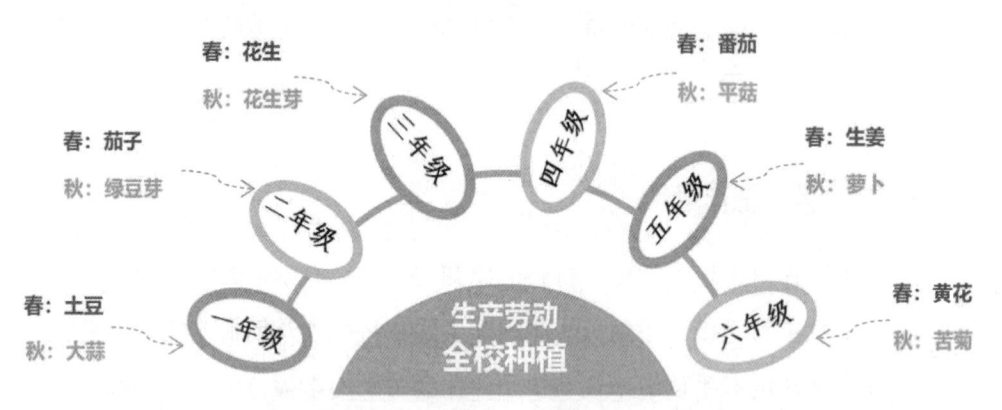

春：花生　秋：花生芽　——> 三年级
春：番茄　秋：平菇　——> 四年级
春：茄子　秋：绿豆芽　——> 二年级
春：生姜　秋：萝卜　——> 五年级
春：土豆　秋：大蒜　——> 一年级
春：黄花　秋：苦菊　——> 六年级

生产劳动 全校种植

春：辣椒　秋：青菜　春夏之交：向日葵

全校共种植，全校共劳动，全校共幸福。

图 5-2　种植项目递进式教学实践图

二、种植项目教学实施计划表（表5-1）

表 5-1　种植项目教学实施计划表

劳动类型	年级	劳动主题	教学目标	教学内容	组织教师	教学路径	教学评价
生产劳动	一至六年级	春季：种植辣椒	1. 了解植物的用途； 2. 掌握植物的种植方法； 3. 体验种植的过程，体会劳动的价值。	1. 植物的简介； 2. 植物的种植方法； 3. 注意事项及安全提示。	园艺教师	综合实践活动课、义卖活动	分享活动：学生通过绘画记录辣椒的成长，并在班级进行分享，学生互评，评选出"辣椒观察能手"。
	一至六年级	秋季：种植青菜					绘画比赛：学生观察青菜的外观并绘画，根据学生互评、教师评价评选出"小小画家"。
	一至六年级	春夏之交：种植向日葵					手工制作：学生分组开展手工制作，用橡皮泥等材料制作向日葵，组内互评、教师评价，评选出"最美向日葵"。
	一年级	春季：种植土豆					实践活动：坚持"学生参与即评价"的理念，通过活动的组织实施，学生愿意参与种植土豆的过程。

续表

劳动类型	年级	劳动主题	教学目标	教学内容	组织教师	教学路径	教学评价
生产劳动	一年级	秋季：种植大蒜	1.了解植物的用途；2.掌握植物的种植方法；3.体验种植的过程，体会劳动的价值。	1.植物的简介；2.植物的种植方法；3.注意事项及安全提示。	园艺教师	综合实践活动课、义卖活动	实践活动：坚持"学生参与即评价"的理念，通过活动的组织实施，学生愿意参与种植大蒜的过程。
	二年级	春季：种植茄子					实践活动：坚持"学生参与即评价"的理念，通过活动的组织实施，学生愿意参与种植茄子的过程。
		秋季：发绿豆芽					实践活动：坚持"学生参与即评价"的理念，通过活动的组织实施，学生愿意参与种植绿豆芽的过程。
	三年级	春季：种植花生					采摘比赛：开展收获花生比赛，学生在规定时间内采摘花生并进行花生的清洗，学生参与花生采摘比赛即可。

续表

劳动类型	年级	劳动主题	教学目标	教学内容	组织教师	教学路径	教学评价
生产劳动	三年级	秋季：发花生芽	1.了解植物的用途；2.掌握植物的种植方法；3.体验种植的过程，体会劳动的价值。	1.植物的简介；2.植物的种植方法；3.注意事项及安全提示。	园艺教师	综合实践活动课、义卖活动	实践活动：学生根据种植知识在家里进行花生芽的培育，由家长评价，学生参与花生芽的培育过程即可。
	四年级	春季：番茄					观察日记：学生记录番茄成长的过程，组内互评、教师评价，选出记录最详细准确的"观察小达人"。
		秋季：种植平菇					涂色大赛：学生使用彩笔在空白的蘑菇图片上涂色，组内互评、教师评价，选出优秀的涂色作品在班级进行展示。

143

续表

劳动类型	年级	劳动主题	教学目标	教学内容	组织教师	教学路径	教学评价
生产劳动	五年级	春季：种植生姜	1. 了解植物的用途；2. 掌握植物的种植方法；3. 体验种植的过程，体会劳动的价值。	1. 植物的简介；2. 植物的种植方法；3. 注意事项及安全提示。	园艺教师	综合实践活动课、义卖活动	知识分享：学生分组在课外搜集生姜的益处并记录下来，组内互评，教师评价，选出"分享达人组"。
		秋季：种植萝卜					知识竞赛：学生分组抢答有关萝卜的百科知识，教师评价，评选出"智多星小组"。
	六年级	春季：种植黄花					知识小报：学生分组在课外查阅黄花的知识并绘出知识小报，组内互评，教师评价，选出优秀的知识小报在班级进行展示。
		秋季：种植苦菊					手抄报活动：学生课外收集关于苦菊的知识，并根据种植的苦菊完成手抄报，组内互评，教师评价，选出优秀的手抄报作品在班级进行展示。

三、种植项目主题活动实施方案

　　种植项目不仅可以使学生在体验农耕劳动的过程中出力流汗，磨炼意志，掌握劳动技能，收获劳动成果，提升劳动素养，弘扬劳动精神，也有利于调动起学生对植物的天然好奇心。在亲身体会种植的过程中培养对植物生长过程的观察力，是小学素质教育不可忽视的内容。在校园内开展种植实践体验活动，小学低段主要是让学生体会种植的快乐，中段主要是让学生初步掌握种植的方法与技巧，高段主要是让学生欣赏劳动的美，享受劳动的快乐。全员参与种植也是学校劳动教育的特色所在，它让校风更加求实，让学校更富于凝聚力。全校共种植，全校共劳动，全校共幸福。

春季篇

全校春季主题活动

种植辣椒

一、活动目标

1. 学生愿意主动学习辣椒的种植，意识到自主劳动可以让生活更充实、美好；

2. 了解辣椒的生长过程，掌握种植辣椒的方法，体验劳动的快乐；

3. 能正确使用水壶等劳动工具，提升操作能力和团队协作能力；

4. 经历小组合作、师生共同参与的过程，培养对种植的兴趣和探索的精神；

5. 形成坚持不懈、尊重劳动的优秀品质，养成良好的劳动习惯。

二、活动准备

（一）教学资料

1. 种植材料：根据班级人数准备若干辣椒种子和肥料。

2. 器材准备：锄头、铲子、浇水壶（每组学生一把锄头、一把铲子，且学生在使用锄头等工具时教师要全程指导）。

（二）组织人员

教师：学生所在班级的园艺教师。

（三）活动场地

学校：种植基地。

三、活动流程

第一步：根据班级实际情况将学生分为若干组，每组包含组长1名、锄头安全员1名、铲子安全员1名、浇水员1名、播种员2名。

第二步：学生在教师的带领下前往种植基地。

第三步：教师给学生讲解种植辣椒的注意事项。

第四步：学生在教师的指导下分组进行实践操作。

第五步：辣椒成熟后，学生在教师的指导下将采摘的辣椒送往学校食堂，由学校统一烹饪，大家共同品尝。

第六步：用收获的辣椒开展义卖活动。

四、教学内容

（一）准备阶段

第一步：深翻土地。种植辣椒的土地要深翻，要求土壤疏松肥沃、排水方便、适合灌溉。

小提示：种植辣椒的土地只能种一年，第二年需要倒茬，不可以连续种植。

第二步：挑选种子。挑选适合当地土壤的优质辣椒品种。

（二）种植阶段

第一步：育苗。育苗一般在春分至清明进行，将种子在阳光下暴晒2天，促进后熟，提高发芽率，杀死种子表面携带的病菌，然后播种在苗床上。辣椒育苗的温度保持在白天30℃左右，夜晚20℃左右，一个星期后即可发芽。

第二步：移栽。等到辣椒的叶子长到三四片的时候，就要进行移栽。最好带上泥土栽植，这样成活率比较高，定苗的株距约为40厘米。

（三）成长阶段

第一步：定期浇水、按时除草。辣椒比较耐旱，不能浇水太多，可根据地面的潮湿度进行浇水，雨季注意清沟排涝。

第二步：适当施一些磷肥、钾肥和农家肥。

（四）收获阶段

第一步：采摘。辣椒一般长到15～20厘米的时候就成熟了，可以采摘，采摘的时候注意不要把杆扯断。

第二步：留种。如果要留种，可以让准备留种的辣椒再长一段时间，种子就会更加饱满。

五、活动评价

学生通过绘画记录辣椒的成长并在班级进行展示，由学生互评选出"辣椒观察能手"。

> 一年级春季主题活动

种植土豆

一、活动目标

1. 学生愿意主动学习土豆的种植，意识到自主劳动可以让生活更充实、美好；

2. 了解土豆的生长过程，掌握种植土豆的方法，体验劳动的快乐；

3. 能正确使用水壶等劳动工具，提升操作能力和团队协作能力；

4. 经历小组合作、师生共同参与的过程，培养对种植的兴趣和探索的精神；

5. 形成坚持不懈、尊重劳动的优秀品质，养成良好的劳动习惯。

二、活动准备

（一）教学资料

1. 种植材料：根据班级人数准备若干土豆和肥料。

2. 器材准备：锄头、铲子、浇水壶（每组学生一把锄头、一把铲子，且学生在使用锄头等工具时教师要全程指导）。

（二）组织人员

教师：学生所在班级的园艺教师。

（三）活动场地

学校：种植基地。

三、活动流程

第一步：根据班级实际情况将学生分为若干组，每组包含组长1名、锄头安全员1名、铲子安全员1名、浇水员1名、播种员2名。

第二步：学生在教师的带领下前往种植基地。

第三步：教师给学生讲解种植土豆的注意事项。

第四步：学生在教师的指导下分组进行实践操作。

第五步：用收获的土豆开展义卖活动。

四、教学内容

（一）种子筛选阶段

第一步：选择表皮没有破损的土豆作为种子，将之洗干净之后切成4块，同时保证每块土豆上最少有1个芽眼（一般在小坑处）。

第二步：将土豆块放在阳光下晾晒1天以上，等待土豆上面的小坑发出芽。

第三步：土豆发芽之后蘸一蘸草木灰，然后将之搁在地上1~2天。将土豆上不饱满的芽全部掰下，只留非常饱满的芽。

（二）种植阶段

第一步：在土壤中间划上土沟。

第二步：将已经发芽的土豆块种下去，有土豆芽的地方朝上摆放。

小提示：土豆与土豆之间的距离在20厘米左右最佳。

第三步：覆盖3厘米厚的土壤，浇透水。

（三）施肥阶段

第一步：保证阳光充足，适量浇水。土豆是一种成活率很高的植物，只要在温暖的环境之中接收到光照，再适量浇水，就能很快长出土豆芽。

第二步：适当施肥。土豆是一种喜欢肥料的植物，养护的时候需要施加一定的钾肥，或者每月施加一次草木灰。

第三步：雨季防病。雨季不要为土豆施肥，要适量剪掉底部的老黄叶，让植株通风。

（四）收获阶段

第一步：摘花摘叶。在种植 7～8 个星期后，将土豆苗上的花儿摘下，再摘下一部分叶子，然后让土豆继续生长。

第二步：挖掘土豆。土豆苗的藤和叶子开始发黄就可以收获了。

五、活动评价

坚持"学生参与即评价"的理念，通过活动的组织实施，让学生愿意参与种植土豆。

二年级春季主题活动

种植茄子

一、活动目标

1. 学生愿意主动学习茄子的种植，能意识到自主劳动可以让生活更充实、美好；

2. 了解茄子的生长过程，掌握种植茄子的方法，体验劳动的快乐；

3. 能正确使用水壶等劳动工具，提升操作能力和团队协作能力；

4. 经历小组合作、师生共同参与的过程，培养对种植的兴趣和探索的精神；

5. 形成坚持不懈、尊重劳动的优秀品质，养成良好的劳动习惯。

二、活动准备

（一）教学资料

1. 种植材料：根据班级人数准备若干茄子种子和肥料。

2. 器材准备：锄头、铲子、浇水壶（每组学生一把锄头、一把铲子，且学生在使用锄头等工具时教师要全程指导）。

（二）组织人员

教师：学生所在班级的园艺教师。

（三）活动场地

学校：种植基地。

三、活动流程

第一步：根据班级实际情况将学生分为若干组，每组包含组长1名、锄头安全员1名、铲子安全员1名、浇水员1名、播种员2名。

第二步：学生在教师的带领下前往种植基地。

第三步：教师给学生讲解种植茄子的注意事项。

第四步：学生在教师的指导下分组进行实践操作。

第五步：用收获的茄子开展义卖活动。

四、教学内容

（一）种子筛选阶段

第一步：挑选种子。挑选适合当地土壤的优质茄子品种。

第二步：对种子进行泡水处理。用温水把茄子种子浸泡15分钟，再用清水浸泡10～12分钟。

（二）种植阶段

第一步：翻土种植。选用比较湿润的土壤，施加少量的化肥或者沤熟的农家肥做底肥，茄子是蔬菜界的"大胃王"，丝毫不畏惧肥厚水足。

第二步：播种。将前期准备的种子与施加了底肥的土壤混合在一起，保持株距在10～12厘米。

第三步：覆盖薄土。往土壤中浇透水，再在表面覆盖上一层大约1厘米厚的泥土。

（三）成长阶段

第一步：定期浇水，按时除草。

小提示：每天适时浇一点点水，但是不要过量，否则较弱的根苗会涝死。浇水的时间可以选在傍晚。注意在浇水之后及时中耕、松土、培土，一般中耕3次，每7～10天1次。

第二步：追加肥料。等到植株成长到30厘米以上，可以追加一次沤熟的农家肥，此阶段之后约每月追加一次。花开之时至结果之日，大约每10天要向茄子宝宝追施一次肥料。

第三步：搭架支撑。在生长阶段可以搭架支撑，既让茄子能够均匀地享受阳光的沐浴，又能增加挂果率。

五、活动评价

坚持"学生参与即评价"的理念，通过活动的组织实施，让学生愿意参与种植茄子。

三年级春季主题活动

种植花生

一、活动目标

1. 学生愿意主动学习花生的种植，能意识到自主劳动可以让生活更充实、美好；

2. 了解花生的生长过程，掌握种植花生的方法，体验劳动的快乐；

3. 能正确使用锄头等劳动工具，提升操作能力和团队协作能力；

4. 经历小组合作、师生共同参与的过程，培养对种植的兴趣和探索的精神；

5. 形成坚持不懈、尊重劳动的优秀品质，养成良好的劳动习惯。

二、活动准备

（一）教学资料

1. 种植材料：根据班级人数准备若干花生种子和肥料。

2. 器材准备：锄头、铲子、浇水壶（每组学生一把锄头、一把铲子，且学生在使用锄头等工具时教师要全程指导）。

（二）组织人员

教师：学生所在班级的园艺教师。

（三）活动场地

学校：种植基地。

三、活动流程

第一步：根据班级实际情况将学生分为若干组，每组包含组长1名、锄头安全员1名、铲子安全员1名、浇水员1名、播种员2名。

第二步：学生在教师的带领下前往种植基地。

第三步：教师给学生讲解种植花生的注意事项。

第四步：学生在教师的指导下分组进行实践操作。

第五部：用收获的花生开展义卖活动。

四、教学内容

（一）种子筛选阶段

第一步：施足底肥。需选用肥沃的土壤，在种植前要耕地，施足底肥，保证土壤的肥沃度。

第二步：选择种子。选择粒大饱满的种子，然后进行浸种晾晒，提高种子的发芽率。在种植前也可以把种子和种衣剂进行混拌以驱避地下害虫。

（二）种植阶段

第一步：翻土打坑。坑的深度是5～8厘米，坑和坑之间的距离是20～30厘米，这样花生更高产。

第二步：播撒种子。每个坑中种一粒。

第三步：施加肥料。化肥放在坑中两棵花生的中间，注意化肥不能碰到花生种，否则花生会坏掉。

第四步：覆盖薄土。将坑旁边的泥土翻回坑里，把土地填平整，这样下雨时地里就不会积水，才有利于花生的生长。

（三）成长阶段

第一步：浇水除草。花生生长前期既有可能遇到高温多雨的天气，也有可能遇到干旱的天气，需根据花生各个生长期合理浇水。

第二步：追加施肥。苗期施肥以氮肥为主，这样能更好地促进花生的生长，后期可以适当地施叶面肥，促根壮果。

（四）收获阶段

第一步：拔花生。

小提示：记得把花生上的泥土甩下来。

第二步：摘花生。

五、活动评价

开展采摘比赛，学生在规定时间内采摘花生并进行清洗。

四年级春季主题活动

种植番茄

一、活动目标

1. 学生愿意主动学习番茄的种植，能意识到自主劳动可以让生活更充实、美好；

2. 了解番茄的生长过程，掌握种植番茄的方法，体验劳动的快乐；

3. 能正确使用水壶等劳动工具，提升操作能力和团队协作能力；

4. 经历小组合作、师生共同参与的过程，培养对种植的兴趣和探索的精神；

5. 形成坚持不懈、尊重劳动的优秀品质，养成良好的劳动习惯。

二、活动准备

（一）教学资料

1. 种植材料：根据班级人数准备若干番茄种子和肥料。

2.器材准备：锄头、铲子、浇水壶（每组学生一把锄头、一把铲子，且学生在使用锄头等工具时教师要全程指导）。

（二）组织人员

教师：学生所在班级的园艺教师。

（三）活动场地

学校：种植基地。

三、活动流程

第一步：根据班级实际情况将学生分为若干组，每组包含组长1名、锄头安全员1名、铲子安全员1名、浇水员1名、播种员2名。

第二步：学生在教师的带领下前往种植基地。

第三步：教师给学生讲解种植番茄的注意事项。

第四步：学生在教师的指导下进行实践操作。

第五步：用收获的番茄开展义卖活动。

四、教学内容

（一）种子筛选阶段

第一步：确定好番茄品种，准备好优质、健康、饱满、抗病能力强的番茄种子。

第二步：对种子进行泡水处理。先将番茄种子放在清水中浸泡，轻轻搓洗种子，去掉种子表面的籽毛和杂物，然后用温水浸泡种子，促使种子充分吸水膨胀，这样也能去掉种子表面的细菌。

（二）育苗阶段

第一步：准备好土质疏松、肥沃深厚、透气保水性好的土壤，需用腐叶土、园土、有机肥混合，搅拌均匀杀菌处理后用来播种。

第二步：在苗床上均匀播种。

第三步：覆盖上一层薄土，浇水保持湿润，促使种子生根发芽。

（三）种植阶段

第一步：选择种植的地块，提前整地细耕，施入腐熟的肥料。

第二步：番茄幼苗长出 3～4 片叶子时，可将小苗从苗床中挖出来，然后种植到准备好的地块上。

（四）成长阶段

第一步：科学浇水。种植完成后灌溉少量水以加速幼苗对土壤的适应。种植一周后，第一次浇水应浇透，以便根部吸收足够的水分。浇水时，沿着根浇水。之后浇水量视土壤干湿度而定。

第二步：追肥。番茄除要有足够的基肥外，要充分施肥，可在生长期追施 1～2 次磷钾肥料，促其开花结果。

第三步：病虫害防治。番茄的常见病有叶霉病、白斑病、病毒病等，主要害虫有白粉蝇、蚜虫、棉铃虫等，要注意及时用药、预防和综合管理。

第四步：绑蔓整枝。当植株长到 40 厘米时，需要在田间进行支撑。可以用竹竿做柱子，用铁丝拉成一个框架。然后将藤系在框架上，使植株向上生长，增加下部果叶的通风透光率，提高产量和品质。

（五）收获阶段

第一步：采摘番茄。

第二步：整理枝蔓。

五、活动评价

开展写观察日记活动，学生记录番茄成长的过程，通过组内互评、教师评价选出记录最详细准确的"观察小达人"。

五年级春季主题活动

种植生姜

一、活动目标

1. 学生愿意主动学习生姜的种植，能意识到自主劳动可以让生活更充实、美好；

2. 了解生姜的生长过程，掌握种植生姜的方法，体验劳动的快乐；

3. 能正确使用水壶等劳动工具，提升操作能力和团队协作能力；

4. 经历小组合作、师生共同参与的过程，培养对种植的兴趣和探索的精神；

5. 形成坚持不懈、尊重劳动的优秀品质，养成良好的劳动习惯。

二、活动准备

（一）教学资料

1. 种植材料：根据班级人数准备若干生姜种和肥料。

2. 器材准备：锄头、铲子、浇水壶（每组学生一把锄头、一把铲子，且学生在使用锄头等工具时教师要全程指导）。

（二）组织人员

教师：学生所在班级的园艺教师。

（三）活动场地

学校：种植基地。

三、活动流程

第一步：根据班级实际情况将学生分为若干组，每组包含组长1名、锄头安全员1名、铲子安全员1名、浇水员1名、播种员2名。

第二步：学生在教师的带领下前往种植基地。

第三步：教师给学生讲解种植生姜的注意事项。

第四步：学生在教师的指导下进行实践操作。

第五步：用收获的生姜开展义卖活动。

四、教学内容

（一）种子筛选阶段

第一步：选择健康完整并且外表美观的姜块。姜块不要太大，上面应该有1～2个比较健壮的芽。

第二步：将大块生姜用小刀或手掰开，用石灰或草木灰对切口处进行消毒。

（二）种植阶段

第一步：在土壤中间划上土沟。

第二步：将有芽点的姜块种下去，有芽点的地方朝上摆放。

第三步：覆盖3厘米厚的土壤，往土壤中浇透水。

（三）成长阶段

第一步：定期浇水，按时除草。注意浇水不要太多，保持土壤湿润即可，浇水最好是在早晚进行。

第二部：夏季光照很强，需要遮阴通风。

（四）收获阶段

第一步：挖采生姜。

第二步：整理土地。

五、活动评价

学生分组在课外搜集生姜的益处并记录下来，通过组内互评、教师评价选出"分享达人组"。

> 六年级春季主题活动

种植黄花

一、活动目标

1. 学生愿意主动学习黄花的种植，能意识到自主劳动可以让生活更充实、美好；

2. 了解黄花的生长过程，掌握种植黄花的方法，体验劳动的快乐；

3. 能正确使用水壶等劳动工具，提升操作能力和团队协作能力；

4. 经历小组合作、师生共同参与的过程，培养对种植的兴趣和探索的精神；

5. 形成坚持不懈、尊重劳动的优秀品质，养成良好的劳动习惯。

二、活动准备

（一）教学资料

1. 种植材料：根据班级人数准备若干黄花母株和肥料。

2. 器材准备：锄头、铲子、浇水壶（每组学生一把锄头、一把铲子，且学生在使用锄头等工具时教师要全程指导）。

（二）组织人员

教师：学生所在班级的园艺教师。

（三）活动场地

学校：种植基地。

三、活动流程

第一步：根据班级实际情况将学生分为若干组，每组包含组长1名、锄头安全员1名、铲子安全员1名、浇水员1名、播种员2名。

第二步：学生在教师的带领下前往种植基地。

第三步：教师给学生讲解种植黄花的注意事项。

第四步：学生在教师的指导下分组进行实践操作。

第五步：用收获的黄花开展义卖活动。

四、教学内容

（一）准备阶段

第一步：整地施肥。黄花根系发达，要深翻整地，栽前深耕土壤 20～30 厘米，施足基肥。

第二步：分株。将黄花母株的老叶老根去除，将带新芽的根株一一分开，每株带一个新芽。

（二）种植阶段

第一步：翻土打坑。土行行距 45～60 厘米，株距 30～35 厘米。

第二步：每穴栽植 3～5 株，新芽朝上进行种植。

第三步：覆盖薄土，往土壤中浇透水。

（三）成长阶段

第一步：田间管理。

第二步：病虫防治。

（四）收获阶段

第一步：采收。黄花多于傍晚开花，次日中午凋萎，在花蕾饱满、色体金黄、含苞待放时，即开放前 3～4 小时采收为宜，一般于清晨或下午各采收 1 次。阴雨天花蕾生长较快，应适当提前采摘。

第二步：制干。黄花菜制干采用蒸晒法，即将收采下的花蕾放在竹笼屉中加热蒸腾，笼屉冒气后即可停火；焖 20 分钟左右约 7 分熟即可取出，过熟易变黑。

第三步：晾晒。将蒸好的黄花菜在竹帘或苇席上摊开晾晒，使含水量降到 16% 以下，晴天 1 天即可，然后装入箱袋于阴凉干燥处贮放。

五、活动评价

开展绘制知识小报活动，学生分组在课外查阅黄花的知识并绘出知识小报，通过组内互评、教师评价选出优秀的知识小报在班级进行展示。

春夏之交篇

全校春夏之交主题活动

种植向日葵

一、活动目标

1. 学生愿意主动学习向日葵的种植，能意识到自主劳动可以让生活更充实、美好；

2. 了解向日葵的生长过程，掌握种植向日葵的方法；

3. 能正确使用锄头等劳动工具，提升操作能力和团队协作能力；

4. 经历小组合作、师生共同参与的过程，培养学生对种植向日葵的兴趣和探索的精神。

二、活动准备

（一）教学资料

1. 种植材料：根据班级人数准备若干葵花籽和肥料。

2. 器材准备：锄头、铲子、浇水壶（每组学生一把锄头、一把铲子，且学生在使用锄头等工具时教师要全程指导）。

（二）组织人员

教师：学生所在班级的园艺教师。

（三）活动场地

学校：种植基地。

三、活动流程

第一步：根据班级实际情况将学生分为若干组，每组包含组长1名、锄头安全员1名、铲子安全员1名、浇水员1名、播种员2名。

第二步：学生在教师的带领下前往种植基地。

第三步：教师给学生讲解种植葵花籽的注意事项。

第四步：学生在教师的指导下分组进行实践操作。

第五步：用收获的向日葵开展义卖活动。

四、教学内容

（一）种子筛选阶段

第一步：挑选颗粒饱满的种子。

第二步：种植前一天，学生对种子进行泡水处理。

（二）种植阶段

第一步：翻土打坑，深度5厘米左右。

第二步：每坑4～5粒种子，尖端向下进行种植。

第三步：覆盖薄土，往土壤中浇透水。

（三）成长阶段

第一步：定期浇水，按时除草。

第二步：采取粉扑法和花盘接触法进行授粉。

（四）收获阶段

第一步：采摘向日葵。

第二步：晾晒向日葵。

五、活动评价

开展手工制作活动，学生用橡皮泥等材料制作向日葵，通过组内互评、教师评价选出"最美向日葵"。

秋季篇

全校秋季主题活动

种植青菜

一、活动目标

1. 学生愿意主动学习青菜的种植，能意识到自主劳动可以让生活更充实、美好；

2. 了解青菜的生长过程，掌握种植青菜的方法，体验劳动的快乐；

3. 能正确使用锄头等劳动工具，提升操作能力和团队协作能力；

4. 经历小组合作、师生共同参与的过程，培养对种植青菜的兴趣和探索的精神；

5. 形成坚持不懈、尊重劳动的优秀品质，养成良好的劳动习惯。

二、活动准备

（一）教学资料

1. 种植材料：根据班级人数准备若干青菜籽和肥料。

2. 器材准备：锄头、铲子、浇水壶（每组学生一把锄头、一把铲子，且学生在使用锄头等工具时教师要全程指导）。

（二）组织人员

教师：学生所在班级的园艺教师。

（三）活动场地

学校：种植基地。

三、活动流程

第一步：根据班级实际情况将学生分为若干组，每组包含组长1名、锄头安全员1名、铲子安全员1名、浇水员1名、播种员2名。

第二步：学生在教师的带领下前往种植基地。

第三步：教师给学生讲解种植青菜的注意事项。

第四步：学生在教师的指导下分组进行实践操作。

第五步：用收获的青菜开展义卖活动。

四、教学内容

（一）准备阶段

第一步：选择籽粒饱满的青菜种子。

第二步：对种子进行泡水处理，可在温水里浸泡一天。

（二）种植阶段

第一步：催芽。将种子进行催芽处理，首先将种子均匀地撒播在沙土上，上面覆盖一层稀薄的土，浇足一次水分后，保持土壤湿润，放在温暖潮湿的环境中，每天喷水1～2次，加强空气的流通性，大约3～4天后便可发芽。

第二步：整地。在土壤中加入适量的复合肥溶液作为基肥，搅拌均匀，在周边挖一条小型的排水沟。

第三步：种植。将发芽后的种苗栽入土地中，间距15～20厘米，覆薄土轻压后浇水。

（三）成长阶段

第一步：浇水。种苗定植后要保持土壤湿润，雨水较多的季节要进行排水处理，炎热天气可每天浇水一次，切记浇水不宜过多。

第二步：施肥。在生长季节每隔2～3周施加一次尿素溶液，秋冬季节减少次数，每次施肥要结合浇水进行。

（四）收获阶段

第一步：拔青菜。

小提示：拔青菜时要注意将青菜上的泥土清理掉，以免弄脏校园。

第二步：整土地。

五、活动评价

开展绘画比赛，观察青菜的外观并绘画，通过学生互评、教师评价选出"小小画家"。

> 一年级秋季主题活动

种植大蒜

一、活动目标

1. 学生愿意主动学习大蒜的种植，能意识到自主劳动可以让生活更充实、美好；

2. 了解大蒜的生长过程，掌握种植大蒜的方法；

3. 能正确使用锄头等劳动工具，提升操作能力；

4. 经历师生、家长共同参与的过程，培养学生对种植大蒜的兴趣和探索的精神；

5. 形成坚持不懈、尊重劳动的优秀品质，养成良好的劳动习惯。

二、活动准备

（一）教学资料

1. 种植材料：根据班级人数准备若干大蒜和肥料。

2. 器材准备：花盆、浇水壶。

（二）组织人员

教师：学生所在班级的园艺教师。

（三）活动场地

学校：种植基地。

三、活动流程

第一步：教师根据学生人数分发大蒜。

第二步：学生在教师的带领下前往种植基地。

第三步：教师给学生讲解种植大蒜的注意事项。

第四步：学生在教师的指导下分组进行实践操作。

第五步：用收获的大蒜开展义卖活动。

四、教学内容

（一）准备阶段

第一步：选种。挑选粒大饱满的蒜头。

第二步：扒皮。将蒜头的皮都扒开，最好不要把蒜扒破口。

小提示：如果蒜不好扒，把蒜放水里泡几分钟，拿出来风干后直接一搓皮就掉了。

（二）种植阶段

第一步：将土壤填进花盆中。

第二步：往土壤中浇水，再插蒜，这样才好固定它。注意大蒜头朝上。

（三）成长阶段

平时不用太关注大蒜的成长，只需要在花盆里面快没有水的时候浇点水就行了。

（四）收获阶段

第一步：根据需要适时采收。

第二步：整理花盆。

五、活动评价

坚持"学生参与即评价"的理念，通过活动的组织实施，学生愿意种植大蒜。

二年级秋季主题活动

发绿豆芽

一、活动目标

1.学生愿意主动学习发绿豆芽，能意识到自主劳动可以让生活更充实、美好；

2.了解绿豆芽的生长过程，掌握发绿豆芽的方法；

3.能正确使用水壶等劳动工具，提升操作能力和团队协作能力；

4.经历小组合作、师生共同参与的过程，培养对种植的兴趣和探索的精神；

5.形成坚持不懈、尊重劳动的优秀品质，养成良好的劳动习惯。

二、活动准备

（一）教学资料

1.种植材料：根据班级人数准备若干绿豆。

2.器材准备：桶、漏盘或漏盆、布（每组学生一个桶、一个盘、一块布）。

（二）组织人员

教师：学生所在班级的园艺教师。

（三）活动场地

学校：种植基地。

三、活动流程

第一步：根据班级实际情况将学生分为若干组，每组包含组长1名、其他成员5名。

第二步：学生在教师的带领下前往种植基地。

第三步：教师给学生讲解发绿豆的注意事项。

第四步：学生在教师的指导下分组进行实践操作。

第五步：用收获的绿豆芽开展义卖活动。

四、教学内容

（一）种子筛选阶段

第一步：选豆。用清水清洗绿豆，清洗时注意将全部漂浮的绿豆去除，因为这些是未成熟或者已经变坏的绿豆，它们的发芽率极低。

第二步：浸泡。种植前一天对绿豆进行泡水处理，浸泡一天。

（二）发绿豆芽阶段

第一步：准备一个漏盘。将泡好的绿豆平铺在漏盘里面，刚好覆盖住底就行，然后盖上湿毛巾。一天冲3～4次水。

小提示：浇水时水是从上面冲下来流掉，不是让绿豆泡在水里；每次冲完水，都要把毛巾打湿后盖在绿豆上面；漏盘下面可以垫个小一点的盆接水，避免豆芽的根泡在水里烂掉。

第二步：用盆子把桶盖上，放在阴凉避光处存放。

第三步：重复之前步骤，直至豆芽发到手指长度就可以了。

小提示：根长出来后不要把盆直接放在桌子上，根压断了就不能发出豆芽了。

（三）收获阶段

第一步：采摘豆芽。

第二步：清洗容器。

五、活动评价

坚持"学生参与即评价"的理念，通过活动的组织实施，学生愿意发绿豆芽。

三年级秋季主题活动

发花生芽

一、活动目标

1. 学生愿意主动学习发花生芽，能意识到自主劳动可以让生活更充实、美好；

2. 了解花生芽的生长过程，掌握发花生芽的方法；

3. 能正确使用水壶等劳动工具，提升操作能力和团队协作能力；

4. 经历小组合作、师生共同参与的过程，培养对种植的兴趣和探索的精神；

5. 形成坚持不懈、尊重劳动的优秀品质，养成良好的劳动习惯。

二、活动准备

（一）教学资料

1. 种植材料：根据班级人数准备若干花生。

2. 器材准备：平底浅口塑料网眼容器或塑料苗盘、浇水壶（每组学生一个盘、一个壶）。

（二）组织人员

教师：学生所在班级的园艺教师。

（三）活动场地

学校：种植基地。

三、活动流程

第一步：根据班级实际情况将学生分为若干组，每组包含组长1名、其他成员5名。

第二步：学生在教师的带领下前往种植基地。

第三步：教师给学生讲解发花生芽的注意事项。

第四步：学生在教师的指导下分组进行实践操作。

第五步：用收获的花生芽开展义卖活动。

四、教学内容

（一）种子筛选阶段

第一步：选种。选择当年产花生，剔除病粒、瘪粒、破粒，留下粒大、籽粒饱满、色泽新鲜、表皮光滑、形状一致的种子。

第二步：浸种。花生种子在吸水量达自身重量40%以上时，才能开始萌动。浸种时间不宜过长，在20℃温水中浸种12～20个小时即可。浸种完毕后，在清水中淘洗1～2次。

（二）催芽阶段

第一步：催芽。催芽时用平底浅口塑料网眼容器或塑料苗盘，种子厚度不超过4厘米，每天淋水2～3次，每次淋水要淋透，以免种子过热发生烂种。花生种仁在10℃时不能发芽，最适合的发芽温度为25℃～30℃，3～4天后发芽率可达95%。

第二步：二次催芽。在第一次催芽2～3天后，将催好芽的种子进行一次挑选，去除未发芽的种子，将已发芽的种子进行二次催芽，适宜温度为20℃～25℃。温度过高，花生芽生长虽快，但芽体细弱，易老化；温度过低，则生长慢，时间长易烂芽或子叶开张离瓣，品质差。苗盘叠放，每5盘为一摞，最上面放一空盘，空盘上盖湿麻袋或黑色薄膜保湿。每天淋水3～4次，务必保证苗盘内的种子被浇透，以便带走呼吸热，保证花生发芽所需的水分和氧气，同时进行"倒盘"。盘内不能积水，以免烂种。6～7天后即可采收。

（三）成长阶段

花生芽生长期间始终保持环境黑暗，播种后将苗盘叠起，盖上黑色薄膜遮光，在芽体上压一层木板，给芽体一定压力，可使芽体长得肥壮。

（四）收获阶段

第一步：采摘花生芽。

第二步：清洗塑料盘。

五、活动评价

学生根据种植知识在家里发花生芽，由家长评价，学生参与花生芽的培育过程即可。

四年级秋季主题活动

种植平菇

一、活动目标

1. 学生愿意主动学习平菇的种植，能意识到自主劳动可以让生活更充实、美好；

2. 了解平菇的生长过程，掌握种植平菇的方法；

3. 能正确使用剪刀等劳动工具，提升操作能力和团队协作能力；

4. 经历小组合作、师生共同参与的过程，培养对种植的兴趣和探索的精神；

5. 形成坚持不懈、尊重劳动的优秀品质，养成良好的劳动习惯。

二、活动准备

（一）教学资料

1. 种植材料：根据班级人数准备若干平菇养料、平菇菌种。

2. 器材准备：剪刀、盆、浇水壶（每组学生一把剪刀、一个盆、一个浇水壶，且学生在使用剪刀时教师要全程指导）。

（二）组织人员

教师：学生所在班级的园艺教师。

（三）活动场地

学校：种植基地。

三、活动流程

第一步：根据班级实际情况将学生分为若干组，每组包含组长1名、其他成员7名。

第二步：学生在教师的带领下前往种植基地。

第三步：教师给学生讲解种植平菇的注意事项。

第四步：学生在教师的指导下分组进行实践操作。

第五步：用收获的平菇开展义卖活动。

四、教学内容

（一）准备阶段

第一步：菇房建造。可把现有的空房、地下室等改造为菇房。

第二步：养料配制。木屑、棉籽壳、废棉、稻草、甘蔗渣、玉米芯、玉米秸秆、花生壳、豆秆粉等原料，任用其一种，都可以栽培平菇。配制方法如下：

1. 棉籽壳99%，石灰1%。将石灰溶于适量水中，均匀地淋在棉籽壳上，边淋水、边踏踩、边翻拌，直到棉籽壳含水适量均匀为止。

2. 稻草99%，石灰1%。将稻草铡成5厘米左右长度，沉入1%石灰水中浸泡5～6小时，待其吸足水后捞起沥干，即可压模播种。

3. 木屑89%，石灰1%，麦麸10%。干料混合，加水翻拌均匀，至含水量60%左右。

4. 玉米芯粉90%，米糠9%，石灰1%。干料混合，加水翻拌均匀，至含水适量为止。

5. 将玉米芯或玉米秆原料压破后放在清水或1%石灰水中浸泡1～2天，至充分吸水后捞起沥干，即可平铺成菇床，分层播种。

6. 花生壳或花生秆78%，麸皮20%，石膏1%，糖1%。先将花生壳或花生秆晒干粉碎，糖溶于少量水中与干料混匀，再加清水拌匀，至含水量58%左右。

7. 甘蔗渣 50%～69%，木屑 30%～49%，石灰 1%。先将干料混匀，再加清水翻拌均匀，至含水适量为止。

8. 豆秆粉 33%，棉籽壳 33%，木屑 32%，碳酸钙 1%，糖 1%。糖溶于少量水中与干料混匀，再加清水翻拌均匀，至含水适量。

小提示：在以上 8 种配方中，拌料时加入 0.1%～0.2% 多菌灵和 0.1% 敌敌畏，以便杀灭部分杂菌、害虫。尤其是温度较高时播种，培养料中添加适量杀菌剂、杀虫剂，增产效果更明显。

（二）种植阶段

第一步：在床面上铺一块塑料薄膜，再在塑料薄膜上铺一层约 5 厘米厚的营养料。

第二步：在营养料上均匀撒一层菌种。

第三步：再铺一层营养料，然后再在上面撒一层菌种，最后整平压实。

（三）成长阶段

第一步：发菌期的管理。菌丝体生长发育阶段的管理，主要是调温、保湿和防止杂菌污染。

第二步：出菇期的管理。根据湿度进行喷水。

（四）收获阶段

第一步：采摘平菇。菇丛小的可用手旋转轻轻掰下，菇丛大的可用锋利的刀子紧贴料面割下，注意尽量少损伤料面。采菇时，大、小菇应一次采完，勿摘大留小。

小提示：平菇菌盖质脆易裂，采收时要轻拿轻放，采菇后先将菇体上附带的培养料、泥土等杂质去除干净。

第二步：保存平菇。采下的菇要菌盖朝下、菌褶朝上，直接放入专用箱内。

五、活动评价

开展涂色比赛，学生使用彩笔在空白的蘑菇图片上涂色，通过组内互评、教师评价选出优秀的涂色作品，在班级进行展示。

五年级秋季主题活动

种植萝卜

一、活动目标

1. 学生愿意主动学习萝卜的种植，能意识到自主劳动可以让生活更充实、美好；

2. 了解萝卜的生长过程，掌握种植萝卜的方法；

3. 能正确使用锄头、镰刀等劳动工具，提升操作能力和团队协作能力；

4. 经历小组合作、师生共同参与的过程，培养对种植的兴趣和探索的精神；

5. 形成坚持不懈、尊重劳动的优秀品质，养成良好的劳动习惯。

二、活动准备

（一）教学资料

1. 种植材料：根据班级人数准备若干萝卜种子和肥料。

2. 器材准备：锄头、铲子、浇水壶（每组学生一把锄头、一把铲子，且学生在使用锄头等工具时教师要全程指导）。

（二）组织人员

教师：学生所在班级的园艺教师。

（三）活动场地

学校：种植基地。

三、活动流程

第一步：根据班级实际情况将学生分为若干组，每组包含组长1名、锄头安全员1名、铲子安全员1名、浇水员1名、播种员2名。

第二步：学生在教师的带领下前往种植基地。

第三步：教师给学生讲解种植萝卜的注意事项。

第四步：学生在教师的指导下分组进行实践操作。

第五步：用收获的萝卜开展义卖活动。

四、教学内容

（一）准备阶段

第一步：选择品种。萝卜有白萝卜、胡萝卜、红萝卜等，品种非常多，可根据自己的喜好、当地环境选择，要求品质优良、高产、抗逆性强。

第二步：准备土壤。萝卜的根系发达，种植时选择土壤深厚的地方，要求土壤疏松、透气、富含营养，还要排水良好。提前施入足够的基肥，可用腐熟的有机肥。

（二）种植阶段

第一步：在整理好的土壤上挖出坑穴，深度1厘米左右，切忌种得太深。

第二步：每穴放5～7粒种子，将种子撒在对应的萝卜坑。

第三步：覆盖薄土，添加上相应的肥料，然后往土壤中浇透水。

（三）成长阶段

第一步：注意除草。在生长期要注意除草，将出现的杂草去除，防止过多消耗养分。

小提示：在除草的时候可不要把萝卜幼苗当作杂草清除了。

第二步：水肥管理。播种结束后做好水肥管理，根据生长的不同时期来浇水，但是不能使土壤中出现积水，防止根系腐烂。生长期需要大量的肥料，做好追肥工作，补充好养分。

（四）收获阶段

第一步：采摘萝卜。

第二步：整理土地。

五、活动评价

开展知识竞赛，学生分组抢答有关萝卜的百科知识，由教师评价，选出"智多星小组"。

六年级秋季主题活动

种植苦菊

一、活动目标

1. 学生愿意主动学习苦菊的种植，能意识到自主劳动可以让生活更充实、美好；

2. 了解苦菊的生长过程，掌握种植苦菊的方法，体验劳动的快乐；

3. 能正确使用水壶等劳动工具，提升操作能力和团队协作能力；

4. 经历小组合作、师生共同参与的过程，培养对种植的兴趣和探索的精神；

5. 形成坚持不懈、尊重劳动的优秀品质，养成良好的劳动习惯。

二、活动准备

（一）教学资料

1. 种植材料：根据班级人数准备若干苦菊种子和肥料。

2. 器材准备：锄头、铲子、浇水壶（每组学生一把锄头、一把铲子，且学生在使用锄头等工具时教师要全程指导）。

（二）组织人员

教师：学生所在班级的园艺教师。

（三）活动场地

学校：种植基地。

三、活动流程

第一步：根据班级实际情况将学生分为8组，每组包含组长1名、锄头安全员1名、铲子安全员1名、浇水员1名、播种员2名。

第二步：学生在教师的带领下前往种植基地。

第三步：教师给学生讲解种植苦菊的注意事项。

第四步：学生在教师的指导下分组进行实践操作。

第五步：用收获的苦菊开展义卖活动。

四、教学内容

（一）准备阶段

第一步：准备种子。可直接用干种子播种，也可将种子在纯净水中浸泡约24小时后开始播种。

第二步：选地整地。选择土质疏松、含有丰富有机质、保水保肥力好的微酸性黏土或沙壤土。选地后将土壤翻耕平整。

（二）种植阶段

第一步：翻土打坑，挖深约1厘米、宽约1～2厘米的小坑，坑间距为15厘米左右。

第二步：每隔1厘米放一粒种子，种子不要重叠。

第三步：覆盖薄土，覆土深度控制在0.5～1厘米，避免影响出苗，往土壤中浇透水。

（三）成长阶段

第一步：田间管理。播种4～5天即可出苗，幼苗冒土后要及时查田，其间可适当浇水保持土壤湿润，避免土壤过干影响幼苗生长。幼苗的根系比较弱，应及时松土促进根系生长，松土时不可损伤根系。幼苗生长到一定高度后，要及时进行间苗与补苗，如发现病弱苗要进行拔除，同时还需要拔除田间杂草，避免杂草过多抢占幼苗养分和水。

第二步：肥水管理。根据植株的生长情况合理浇水施肥，确保植株健壮生长。在幼苗时期，保持土壤见干见湿即可，不可浇水过多，避免幼苗徒长，也不宜过于干旱，以免幼苗老化。在植株生长旺盛季节，需要保持土壤湿润，如果水分供应不足，会导致苦菊的苦味较重，口感略差。到了生长后期需要控制水分，以利于提高品质与产量。

（四）收获阶段

第一步：采摘苦菊。当植株长到20～25厘米时，可收获兼间苗，使株间距为30厘米。

第二步：继续生长。剩下的苦菊会长成大株。

五、活动评价

开展手抄报展评活动，学生课外收集关于苦菊的知识，结合种植苦菊的过程完成手抄报，通过组内互评、教师评价选出优秀的手抄报作品在班级进行展示。

项目5 养 殖

一、养殖项目递进式教学实践图（图5-3）

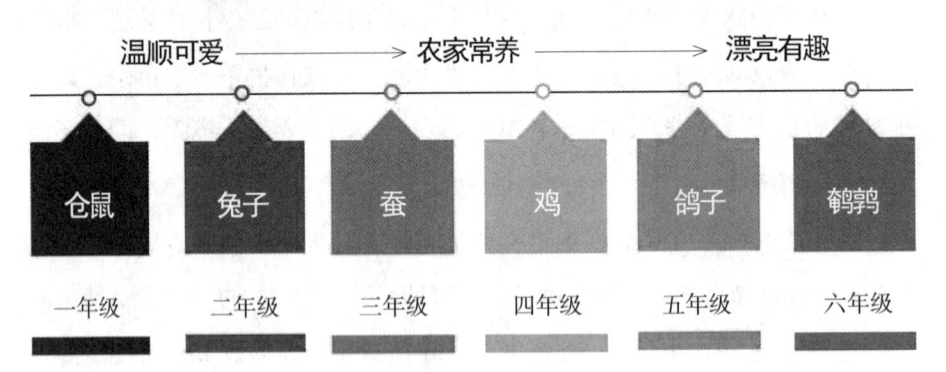

温顺可爱 → 农家常养 → 漂亮有趣

仓鼠	兔子	蚕	鸡	鸽子	鹌鹑
一年级	二年级	三年级	四年级	五年级	六年级

图5-3 养殖项目递进式教学实践图

二、养殖项目教学实施计划表（表5-2）

表5-2 养殖项目教学实施计划表

劳动类型	年级	劳动主题	教学目标	教学内容	组织教师	教学路径	教学评价
生产劳动	一年级	养仓鼠	1.了解动物的相关知识； 2.掌握动物的养殖方法； 3.经历养殖的过程，体会劳动的价值。	1.动物的简介； 2.动物的养殖方法； 3.注意事项及安全提示。	综合实践活动课教师	校本课程	（投喂食物）学生在教师的指导下科学地给仓鼠投喂食物，学生参与投喂过程即可。
	二年级	养兔子					（清洗食材）学生在教师的指导下清洗并晾干兔子的食用草料，学生参与即可。
	三年级	养蚕					（制作海报）学生根据养蚕过程绘制养蚕海报，通过组内互评、教师评价评选出优秀的海报作品，在班级进行展示。
	四年级	养鸡					（成语积累）学生分组在课外收集关于鸡的成语故事，在班级进行分享，学生参与成语故事的积累过程即可。
	五年级	养鸽子					（成长记录手册）学生分组观察鸽子的成长，整理到成长记录手册上，通过组内互评、教师评价选出"最佳观察组"。
	六年级	养鹌鹑					（知识分享）学生在课外收集关于鹌鹑饲养的注意事项并在班级进行分享，学生参与鹌鹑饲养知识分享即可。

179

三、养殖项目主题活动实施方案

一年级主题活动

养仓鼠

一、活动目标

1.学生愿意主动学习仓鼠的养殖知识；

2.了解仓鼠的生活习性，掌握养殖仓鼠的方法；

3.培养对养殖小动物的兴趣和照顾小动物的爱心；

4.形成坚持不懈、尊重生命的优秀品质，养成良好的劳动习惯。

二、活动准备

（一）教学资料

1.养殖动物：根据班级分组情况准备若干健康的仓鼠。

2.材料准备：食物、木屑、浴沙、鼠笼、跑轮、食盆、水壶、浴盆。

（二）组织人员

教师：学生所在班级的综合实践活动课教师。

（三）活动场地

学校：仓鼠养殖基地。

三、活动流程

第一步：班级全体学生分成8组，每组设置1名组长。

第二步：教师带领学生有序前往仓鼠养殖基地。

第三步：教师详细讲解养殖仓鼠的注意事项并给各组分配一只仓鼠。

第四步：各组在教师的指导下给仓鼠喂食。

四、教学内容

（一）养殖阶段

第一步：一天早晚两次给仓鼠喂食，一次喂养 10 克左右食物。

第二步：每天给水壶里面更换干净的凉白开，清理被水打湿的木屑。

第三步：一周更换一次木屑，两周更换一次浴沙，半个月清理一次鼠笼。

（二）分享阶段

教师自行安排时间组织学生分享养殖仓鼠的收获。

（三）知识链接

一周两次补蛋白，清水煮熟细菌少。

一周三次维生素，蔬菜瓜果一点点。

零食切记要少喂，仓鼠上火真心疼。

坚果油脂太丰富，少喂少吃身体好。

柑橘柠檬和菠萝，富含果酸不能吃。

洋葱韭菜葱姜蒜，味道刺激不能吃。

蜜饯牛奶巧克力，为了健康不能吃。

这些食物它不吃，它要吃了会生病。

五、活动评价

（投喂食物）学生在教师的指导下科学地给仓鼠投喂食物，学生参与投喂过程即可。

二年级主题活动

养兔子

一、活动目标

1. 学生愿意主动学习兔子的养殖知识；

2. 了解兔子的生活习性，掌握养殖兔子的方法；

3. 培养对养殖小动物的兴趣和照顾小动物的爱心；

4. 形成坚持不懈、尊重生命的优秀品质，养成良好的劳动习惯。

二、活动准备

（一）教学资料

1. 养殖动物：根据班级分组情况准备若干健康的兔子。

2. 材料准备：根据分组情况准备若干兔笼和食用草。

（二）组织人员

教师：学生所在班级的综合实践活动课教师。

（三）活动场地

学校：兔子养殖基地。

三、活动流程

第一步：将学生分为若干组，每组包含组长1名、其他人员5名，小组合作在学校共同养殖一对兔子，做好记录。

第二步：教师带领学生有序前往兔子养殖基地并领取兔子的食用草。

第三步：教师详细讲解养殖兔子的注意事项。

第四步：学生在教师的指导下定时给兔子喂食。

四、教学内容

（一）养殖阶段

第一步：每天来到学校养殖基地清理兔子的粪便，确保笼子干净卫生。

第二步：清理食物上的水分。

第三步：每天投喂食物3～4次，每次投喂一小把草。

第四步：每天给兔子一个小时的活动时间。

（二）分享阶段

教师自行安排时间组织学生分享养殖兔子的收获。

（三）知识链接

食物：幼龄兔子建议食用幼龄兔专用粮；成年兔可以食用成年兔粮和

一些青草蔬菜。任何时候都禁止投喂肉类、巧克力、饼干、面包、米饭、面条、其他高淀粉类食物、坚果、酸奶、人吃的其他零食。

生活特性：喜干厌湿，怕热耐寒。

注意事项：兔子没有饱腹感，需要控制食量，兔子需要用耳朵散热，所以不能抓兔子耳朵。

五、活动评价

（清洗食材）学生在教师的指导下清洗并晾干兔子的食用草料，学生参与即可。

三年级主题活动

养 蚕

一、活动目标

1. 学生愿意主动学习养蚕的相关知识；

2. 了解蚕的生长过程，掌握养蚕的方法；

3. 经历养蚕的过程，培养对养蚕的兴趣和一丝不苟的精神；

4. 形成坚持不懈、尊重生命的优秀品质，养成良好的劳动习惯。

二、活动准备

（一）教学资料

1. 养殖动物：根据班级分组情况准备若干健康的蚕卵。

2. 材料准备：桑叶、水、干净纸盒。

（二）组织人员

教师：学生所在班级的综合实践活动课教师。

（三）活动场地

学校：养蚕基地。

三、活动流程

第一步：将学生分为若干组，每组包含组长1名、其他人员5名，小组合作在学校共同养蚕，做好记录。

第二步：教师带领学生有序前往养殖基地并给每组分配蚕卵。

第三步：教师详细讲解养蚕的注意事项。

第四步：学生在教师的指导下照料蚕卵。

第五步：蚕卵孵化后，定时清理纸盒，给蚕喂食。

四、教学内容

（一）养殖阶段

第一步：准备一个干净无异味的纸盒，在上方扎适量的小孔。

第二步：放入蚕卵，在21℃～29℃环境中孵化11天。

第三步：在蚕孵化后放入鲜嫩的桑叶。

第四步：定期检查，挑出病叶、霉叶、虫叶，添加新的桑叶。

（二）分享阶段

教师自行安排时间组织学生分享养蚕的收获。

（三）知识链接

蚕的一生：蚕卵、蚁蚕、熟蚕、蚕蛹、蚕蛾（成虫）。

蚕卵像芝麻一样，蚁蚕呈褐色，极细小，且多细毛，蚁蚕经过四次蜕皮成为熟蚕，熟蚕结茧为蚕蛹，蚕蛹形成12天左右就成为蚕蛾。

食物：桑叶（叶子上面的水一定要晾干，不然蚕宝宝吃了会拉肚子），蚁蚕喂食鲜嫩的桑叶，熟蚕喂食普通桑叶。

注意事项：养蚕不能用香水、蚊香、空气净化剂、香味化妆品等。绝对禁止用任何类型的杀虫剂。

五、活动评价

（制作海报）学生根据养蚕过程绘制养蚕海报，通过组内互评、教师评价选出优秀的海报作品，在班级进行展示。

四年级主题活动

养 鸡

一、活动目标

1. 学生愿意主动学习养鸡的相关知识；

2. 了解鸡的生长过程，学生掌握养鸡的方法；

3. 形成热爱小动物、珍惜生命的情感态度；

4. 经历养殖的过程，培养对养鸡的兴趣和探索的精神；

5. 形成坚持不懈、尊重劳动的优秀品质，养成认真观察生活的习惯。

二、活动准备

（一）教学资料

1. 养殖动物：根据班级分组情况准备若干健康的鸡。

2. 材料准备：饲料、水、鸡笼。

（二）组织人员

教师：学生所在班级的综合实践活动课教师。

（三）活动场地

学校：鸡养殖基地。

三、活动流程

第一步：将学生分为若干组，每组包含组长1名、其他人员5名，小组合作在学校共同养鸡，做好记录。

第二步：教师带领学生有序前往鸡养殖基地。

第三步：教师详细讲解养鸡的注意事项。

第四步：学生在教师的指导下给鸡投喂食物。

四、教学内容

（一）养殖阶段

第一步：每天清理鸡的粪便，确保鸡笼干净卫生。

第二步：根据鸡的体型每天投喂适量饲料。

第三步：每天清理水槽，添加干净的水。

第四步：每天按时收集鸡蛋。

第五步：定期对鸡舍进行消毒。

（二）分享阶段

教师自行安排时间组织学生分享养鸡的心得体会。

（三）知识链接

注意事项：小鸡每天喂 3～4 次，成年鸡每天喂 2 次。养鸡的场所需要保持通风。

五、活动评价

（成语积累）学生分组在课外收集关于鸡的成语故事，在班级进行分享，学生参与成语故事的积累过程即可。

五年级主题活动

养鸽子

一、活动目标

1. 学生愿意主动学习鸽子养殖的相关知识；

2. 了解鸽子的生长过程，掌握养鸽子的方法；

3. 形成热爱小动物、珍惜生命的情感态度；

4. 经历养殖过程，培养对养鸽子的兴趣和探索的精神；

5. 形成坚持不懈、尊重劳动的优秀品质，养成认真观察生活的习惯。

二、活动准备

（一）教学资料

1. 养殖动物：根据班级分组情况准备若干健康的鸽子。

2. 材料准备：饲料、水、鸽笼。

（二）组织人员

教师：学生所在班级的综合实践活动课教师。

（三）活动场地

学校：鸽子养殖基地。

三、活动流程

第一步：将学生分为若干组，每组包含组长1名、其他人员5名，小组合作在学校共同养殖鸽子，并做好记录。

第二步：教师带领学生有序前往鸽子养殖基地。

第三步：教师详细讲解养殖鸽子的注意事项。

第四步：学生在教师的指导下给鸽子喂食。

四、教学内容

（一）养殖阶段

第一步：每天清理鸽子的粪便，确保鸽笼干净卫生。

第二步：每天早晚喂两次食物。

第三步：每天添加干净的水。

第四步：定期对鸽舍进行消毒。

（二）分享阶段

教师自行安排时间组织学生分享养鸽子的心得体会。

（三）知识链接

食物：以谷物为主，比较常用的有小麦、荞麦、高粱、玉米。

居住环境：鸽子十分爱干净，应注意保持鸽笼清洁卫生。

疾病预防：注意用水干净、勤换草窝。

五、活动评价

（成长记录手册）学生分组观察鸽子的成长，整理到成长记录手册上，通过组内互评、教师评价选出"最佳观察组"。

六年级主题活动

养鹌鹑

一、活动目标

1. 学生愿意主动学习鹌鹑养殖的相关知识；

2. 了解鹌鹑的生长过程，掌握养殖鹌鹑的方法；

3. 形成热爱小动物、珍惜生命的情感态度；

4. 经历养殖的过程，培养对养鹌鹑的兴趣和探索的精神；

5. 形成坚持不懈、尊重劳动的优秀品质，养成认真观察生活的习惯。

二、活动准备

（一）教学资料

1. 养殖动物：根据班级分组情况准备若干健康的鹌鹑。

2. 材料准备：饲料、水、草窝、水壶、食碗、草架。

（二）组织人员

教师：学生所在班级的综合实践活动课教师。

（三）活动场地

学校：鹌鹑养殖基地。

三、活动流程

第一步：将学生分为若干组，每组包含组长1名、其他人员5名，小组合作在学校共同养殖鹌鹑，并做好记录。

第二步：教师带领学生有序前往鹌鹑养殖基地。

第三步：教师详细讲解养殖鹌鹑的注意事项。

第四步：学生在教师的指导下给鹌鹑喂食。

四、教学内容

（一）养殖阶段

第一步：每天清理鹌鹑的粪便，确保笼舍干燥卫生。

第二步：每天早晚喂两次食物。

第三步：每天添加干净的冷开水。

第四步：每天按时收集鹌鹑蛋。

第五步：定期对鹌鹑笼舍进行消毒。

（二）分享阶段

教师自行安排时间组织学生分享养鹌鹑的心得体会。

（三）知识链接

食物：

1. 植物性饲料：玉米、小麦、碎米、米糠、麦。

2. 动物性饲料：鱼粉、骨肉粉、蚕蛹、小鱼小虾等。

注意事项：

处于产蛋期的鹌鹑每天晚上应补光4小时左右。

五、活动评价

（知识分享）学生分组分享在课外收集的关于鹌鹑饲养的知识。学生参与鹌鹑饲养知识分享即可。

项目 6 手工制作

一、手工制作项目递进式教学实践图（图5-4）

一年级：粘土与软陶

二年级：马赛克与滴胶

六年级：葫芦画与创意

手工

三年级：手绘与旧物改造

五年级：扎染与布艺

四年级：编织与钩针

图 5-4　手工制作项目递进式教学实践图

二、手工制作项目教学实施计划表（表5-3）

表5-3　手工制作项目教学实施计划表

年级	主题	年段目标 上期	年段目标 下期	教学内容	组织教师	教学路径	评价方式
一年级	粘土与软陶	制作发夹、耳环、手链、项链	制作冰箱贴、手机壳、笔筒	1. 学习粘土和软陶的基本用途； 2. 学习粘土花、发夹、手链、项链等的制作； 3. 学习冰箱贴的制作； 4. 学习手机壳、笔筒的制作。	手工课教师	手工课	学生参与即评价（积极参与粘土花、发夹、冰箱贴等手工制作）。
二年级	马赛克与滴胶	制作杯垫、风铃	制作果盘、校园主题作品	1. 学习杯垫、风铃、果盘等的制作； 2. 了解制作杯垫、风铃、果盘等的注意事项； 3. 能根据校园主题制作出相应的手工作品。	手工课教师	手工课	学生参与即评价（积极参与杯垫、风铃、果盘的制作并做出成品）。
三年级	手绘与旧物改造	制作手绘手袋、灯罩	制作彩绘雨伞、抱枕	1. 使用缝纫机的具体方法步骤和注意事项； 2. 学习抱枕和环保袋的制作； 3. 掌握灯罩的制作方法； 4. 学习手袋、雨伞的创意绘画。	手工课教师	手工课	1. 学生参与即评价（使用缝纫机制作抱枕、环保袋）； 2.（展示活动）举行班级T台秀，学生上台展示自己制作的作品，讲解自己的创意。

续表

年级	主题	年段目标 上期	年段目标 下期	教学内容	组织教师	教学路径	评价方式
四年级	编织与钩针（"一针一线"工坊）	制作吊饰、挂篮、杯垫	制作包、灯罩、钩针饰品	1. 初步了解实用性和装饰性； 2. 学习编织与钩针的方法； 3. 学习吊坠、杯垫、包等钩针饰品的具体制作步骤。	手工课教师	手工课	1. 学生参与即评价（参与吊坠、杯垫、包等钩针饰品制作）； 2.（知识竞赛）教师组织学生围绕包包的制作、缝纫机的使用方法和使用注意事项等，以积分制的形式开展知识竞赛活动，对前三名给予一定奖励。
五年级	扎染与布艺（"布同繁想"工坊）	制作围巾、头绳	制作异形抱枕	1. 了解布料的种类； 2. 学习扎染的方法； 3. 学习围巾的织法，了解制作围巾的注意事项； 4. 学习制作头绳、异形抱枕的方法。		手工课	1. 学生参与即评价（积极参与扎染，制作围巾、抱枕等）； 2.（课外实践）学生亲手编织围巾、制作抱枕等，分小组进行扎染，在制作完成后可以将作品送给亲人、朋友等。

续表

年级	主题	年段目标 上期	年段目标 下期	教学内容	组织教师	教学路径	评价方式
六年级	葫芦画与创意	制作葫芦彩绘	制作趣味葫芦	1.了解葫芦画并发挥创新能力制作葫芦画； 2.形成美的意识，热爱生活。	手工课教师	手工课	1.学生参与即评价（绘制葫芦画）； 2.（主题活动）教师确定具体的主题，学生围绕主题绘制葫芦画，通过自评、互评、教师评价选出优秀作品，在班级内进行展览。

三、手工制作项目主题活动实施方案

一年级主题活动

粘土花

一、活动目标

1.学生愿意主动进行手工制作，能意识到自主劳动可以让生活更美丽；

2.了解粘土与软陶，学习如何用它们制作手工作品；

3.初步形成审美意识，热爱生活；

4.提高动手能力、创造能力，培养创造性思维。

二、活动准备

（一）教学资料

1. 教学视频：搜集1～2个制作粘土花的教学视频。

2. 手工材料：粘土、软陶、压泥板。

3. 制作工具：刻刀（必须在教师的指导下使用），压花工具。

（二）组织人员

教师：手工课教师。

（三）活动场地

学校：手工教室。

三、活动流程

第一步：教师组织学生学习制作粘土花的教学视频，了解制作粘土花的具体步骤。

第二步：教师用准备好的粘土、软陶、压泥板、刻刀、压花工具，现场为学生演示制作粘土花的过程。

第三步：引导学生积极主动参与粘土花的制作。

四、教学内容

第一步：拿出紫色粘土与白色粘土混合成淡紫色，然后捏成小球。捏成的小球不用太大，大小也不用全部一样，后面花要做成大小不一的样子。

第二步：将小球捏成水滴状，做成花瓣，大的那头用美工刀划十字，要划深一些。一朵花做八个花瓣。

第三步：用指甲掐一点点黄色粘土捏成条状，用刻刀刻出花蕊的样子。

第四步：趁花蕊还有粘性，把花瓣一瓣一瓣组合在花蕊四周，做成一朵花。

第五步：剩下的粘土捏成椭圆形做底座，置于花瓣底部，用抹茶色粘土做成叶子的形状，最后根据造型，把所有部件组合在一起。

五、活动评价

坚持"学生参与即评价"的理念，为学生演示制作粘土花的过程，引导学生积极参与手工制作。

二年级主题活动

大大小小的杯垫

一、活动目标

1. 学生愿意主动参与手工作品的制作，初步具备将实用性和装饰性结合统一的意识；

2. 了解马赛克杯垫的制作过程，学生掌握贴片、填缝的基本方法；

4. 经历制作杯垫的过程，培养创造能力；

5. 培养认真工作的态度和良好的工作习惯。

二、活动准备

（一）教学资料

1. 教学视频：搜集1～2个制作马赛克杯垫的教学视频。

2. 手工材料：马赛克贴片、木质杯垫、胶水、白水泥、洗碗海绵擦。

3. 教学工具：手套、镊子、钳子（需在老师指导下正确使用）。

（二）组织人员

教师：手工课教师。

（三）活动场地

学校：手工教室。

三、活动流程

第一步：教师组织学生观看制作马赛克杯垫的教学视频，学习制作马赛克杯垫的具体步骤。

第二步：教师讲解各种工具的用途和使用工具的注意事项。

第三步：教师用准备好的工具和手工材料为学生演示制作马赛克杯垫的过程。

第四步：教师指导协助学生制作马赛克杯垫。

四、教学内容

第一步：在木质杯垫上预先用笔画好图案，也可以先在草稿纸上画下草图。

第二步：使用胶水把马赛克粘贴在设计好的位置上。

第三步：继续粘贴不同颜色的马赛克，每块马赛克之间要留有一定的缝隙。

第四步：全部粘贴完毕后，将杯垫在窗边静置10分钟左右，等待胶水干透。

第五步：胶水干透后，戴上手套，取出白水泥，慢慢地填在马赛克之间的缝隙中。

第六步：静置8小时左右，等待白水泥完全干透。

第七步：用洗碗海绵擦的粗糙面刷杯垫，把多余的白水泥刷掉，然后用洗碗海绵擦的光滑面对杯垫进行打磨，马赛克杯垫就完成啦！

五、活动评价

坚持"学生参与即评价"的理念，通过活动的组织实施，让学生愿意积极主动地参与手工制作。

三年级主题活动

温暖的抱枕

一、活动目标

1. 学生愿意主动学习布艺制作，能意识到自主劳动可以让生活更充实；

2. 了解抱枕的制作过程，掌握缝纫机、针线的使用方法；

3. 能正确使用缝纫机、针线等劳动工具，提升操作能力和团队协作能力；

4. 通过经历小组合作、师生共同参与的过程，培养对布艺的兴趣；

5. 形成耐心细致的优秀品质，养成良好的生活习惯。

二、活动准备

（一）教学资料

1. 教学视频：搜集 3～4 个有关缝纫机、针线的使用方法以及抱枕制作的教学视频。

2. 手工材料：定位针 1 盒、水消笔 2 支、旧布料若干、填充物若干。

3. 工具准备：每个学生准备剪刀 1 把，教师准备缝纫机 1 台（两种工具使用时都需教师全程指导）。

（二）组织人员

教师：手工课教师。

（三）活动场地

学校：手工教室。

三、活动过程

第一步：对班级全体学生进行分组，4 人一组，每组选出 1 名小组长。

第二步：教师组织学生学习有关缝纫机、针线的使用方法以及抱枕制作的教学视频，了解制作抱枕的具体步骤。

第三步：教师重点讲解各种工具的用途以及使用时的注意事项。

第四步：教师用准备好的工具、手工材料，现场为学生演示制作抱枕的过程。

第五步：学生以小组为单位进行现场制作，教师全程指导。

四、教学内容

第一步：选择自己喜欢的枕套面料，用水消笔在面料上画出抱枕的裁片，留出 1 厘米缝份。

第二步：沿着画线剪出裁片，注意一个抱枕有两个裁片哦！

第三步：用定位针将抱枕周围进行固定，留出开口。

第四步：用缝纫机进行缝纫，注意开口部分暂时不缝。

第五步：从开口部分塞入填充物。

第六步：开口部分用藏针法固定。

五、活动评价

1.坚持"学生参与即评价"的理念，通过活动的组织实施，让学生体会手工制作的乐趣，提高积极性；

2.（展示活动）举行班级T台秀，学生上台展示自己制作的作品，讲解自己的创意。

四年级主题活动

可爱的小包

一、活动目标

1.通过手工制作意识到自主劳动可以让生活更充实；

2.掌握缝纫机、定位针等的使用方法；

3.能正确使用缝纫机等劳动工具，提升操作能力和团队协作能力；

4.形成坚持不懈、爱护环境的优秀品质，养成勤俭节约的生活习惯；

5.尝试将实用性和装饰性相统一。

二、活动准备

（一）教学资料

1.教学视频：搜集1～2个关于包的制作的教学视频。

2.手工材料：定位针1盒、水消笔2支、淘汰的布料、不穿的衣服等。

3.工具准备：每个学生准备剪刀1把，教师准备缝纫机1台（两种工具使用时都需教师全程指导）。

（二）组织人员

教师：手工课教师。

（三）活动场地

学校：手工教室。

三、活动流程

第一步：教师组织学生学习关于包的制作的教学视频，学习制作包的具体步骤。

第二步：教师重点讲解各种工具的用途以及使用时的注意事项。

第三步：教师用准备好的工具、手工材料，现场为学生演示制作包的过程。

第四步：学生自己制作包，教师提供指导。

四、教学内容

第一步：画出图纸，制作纸样。

第二步：选择想要的包包内衬和外衬，并按照纸样裁剪出布料。

第三步：将需要拼接的布料用缝纫机缝在一起。

第四步：缝制包包内衬。

第五步：对包包的内衬和外衬进行缝合。

第六步：缝制包包的提手。

五、活动评价

1.坚持"学生参与即评价"的理念，通过活动的组织实施，让学生体验手工制作的乐趣；

2.（知识竞赛）教师组织学生围绕包包的制作、缝纫机的使用方法和使用注意事项等，以积分制的形式开展知识竞赛活动，对前三名给予一定奖励。

五年级主题活动

温暖的围巾

一、活动目标

1. 了解围巾的作用；

2. 了解围巾的制作过程，掌握织围巾的基本方法；

3. 培养认真的工作态度和良好的工作习惯；

4. 经历围巾的创作编织过程，培养创造能力。

二、活动准备

（一）教学资料

1. 教学视频：搜集 2～3 个关于围巾编织、布料扎染的教学视频。

2. 制作工具：纯白色的毛线和毛线签。

（二）组织人员

教师：手工课教师。

（三）活动场地

学校：手工教室、布料扎染室。

三、活动过程

第一步：对班级全体学生进行分组，3 人一组，每组选出 1 名小组长。

第二步：教师组织学生观看关于围巾编织、布料扎染的教学视频，学习编织围巾的方法和布料扎染的步骤。

第三步：教师讲解编织围巾和扎染过程中的注意事项。

第四步：学生自主编织围巾，教师从旁指导。

第五步：学生编织好围巾后，教师组织学生分小组对围巾进行扎染。

四、教学内容

第一步：起完针以后，第一排的第一针挑掉不织。

第二步：第二针织上针，把线绕到右针上面，右针往上穿过线里，右针在左针上面，绕线到右针下面，右针把线穿出来，左针的第二针脱落。

第三步：第三针织下针，把线绕到右针下面，右针往下穿过线里，右针在左针下面，绕线到右针上面，右针把线穿出，左针的第三针脱落。

第四步：第四针织上针，第五针织下针，重复循环，绕线，织上针，绕线，穿出，脱落。

第五步：第五针织下针，就是重复第四步的操作，第一排织到最后，最后一针织上针。

第六步：然后再织第二排，第二排同样第一针挑掉不织，第一针上针，第二针下针，最后一针上针。

五、活动评价

1. 坚持"学生参与即评价"的理念，通过活动的组织实施，学生掌握织围巾、扎染的方法；

2.（课外实践）学生亲手编织围巾并分小组进行扎染，在制作完成后可以将围巾送给亲人、朋友等。

六年级主题活动

葫芦画与创意

一、活动目标

1. 学生能够形成美的意识，热爱生活；

2. 了解葫芦画并发挥创新能力制作葫芦画；

3. 了解葫芦画的发展史，树立民族文化自信；

4. 提高动手能力、创造能力，培养创造性思维。

二、活动准备

（一）教学资料

1. 教学视频：搜集2～3个有关葫芦画的来源、制作的教学视频。

2.手工材料：葫芦、油性绘画笔、水粉颜料、透明护甲油、砂纸、铅笔、橡皮、夹子。

（二）组织人员

1.教师：手工课教师。

2.家长：照顾学生日常生活的监护人。

（三）活动场地

1.学校：手工教室。

2.家庭：书房。

三、活动流程

第一步：教师组织学生观看有关葫芦画的来源、制作的教学视频，学习葫芦画的发展史与具体制作方法。

第二步：教师用准备好的手工材料为学生演示葫芦画的制作过程。

第三步：教师讲解制作过程中的注意事项。

第四步：教师在家长群布置指定主题的葫芦画制作的课后作业，要求学生自主完成，家长可以从旁指导。

第五步：学生认真完成葫芦画的制作。

四、教学内容

第一步：把葫芦的表面用砂纸打磨一遍，使葫芦表面更加光滑。

第二步：用白色颜料在葫芦表面刷一层，方便后期上色。

第三步：待底层的白色颜料干透后，用铅笔在葫芦上画出自己构思的图案。

第四步：用夹子夹住葫芦头，用油性绘画笔对葫芦进行上色。

第五步：全部颜色上完后，可以用橡皮轻轻地擦拭掉铅笔的痕迹。

第六步：等待颜料全部干透后，用透明的护甲油在葫芦表面轻轻地刷一层。

第七步：护甲油涂好后，等待干透。干透后，葫芦表面就是很光亮的一层了。葫芦画就完成啦!

五、活动评价

1. 坚持"学生参与即评价"的理念,通过学生自主制作葫芦画,培养动手能力和审美能力;

2.(主题活动)教师确定具体的主题(如春天、海洋等),学生围绕主题绘制葫芦画,通过自评、互评、教师评价选出优秀作品,在班级内进行展览。

第六章
服务性劳动

为深入贯彻习近平总书记关于教育的重要论述精神，全面贯彻党的教育方针，加快构建德智体美劳全面培养的教育体系，必须加强学校教育与社会生活、生产实践的直接联系，发挥劳动在个人与社会之间的纽带作用。服务性劳动包含校园服务、职业体验、社区公益三个维度（图6-1），学生面对社会性服务任务情境，亲历实际的劳动过程，可增强对学校的了解与热爱、对职业精神的认知以及对社区奉献的重要性的认识。

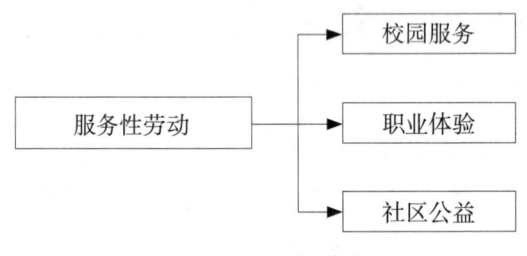

图6-1 服务性劳动

一、校园服务项目

校园服务项目旨在让学生了解学校管理部门的日常工作，积极参与校园管理。学校根据学生的心理发展特点，根据各年龄段学生的特点，设计校园"红领巾"系列主题实践活动，从一年级了解班级事务和播音部，到六年级了解护鱼部和计分管理部，让学生层层递进了解各部门的工作，参与部门管理，尽自己所能为校园建设奉献力量。

二、职业体验项目

职业体验项目旨在让学生在职业模拟体验中了解各职业的工作内容，体会工作的意义，让学生从课本中走进真实的社会，获得最直接的生活体验，从而理解生活的艰辛与不易，培养感恩心。同时，在体验的过程中，每一位学生也可以通过自己的努力，在所在岗位上做出贡献，服务社会，锻炼才干，进一步增强责任感和使命感。学校结合本校实际情况，因地制宜，从一年级到六年级分别开发了校园小导游、一日修理工、一日分餐员、一日推销员、一日足球小裁判、一日茶艺师等职业体验劳动实践活动，让学生在体验不同职业的过程中，认知社会、品尝艰辛、理解工作、懂得分享、学会合作。

三、社区公益项目

社区公益项目主要是通过广泛开展丰富多彩的志愿服务活动，培养学生的服务精神，让学生发现自己的社会价值，懂得关爱他人、关爱社会，感受到自己也能为社会做出贡献，促进人人关心、人人支持、人人参与社区公益。

项目 7 校园服务

一、校园服务项目递进式教学实践图（图6-2）

一年级	班级事务　播音部
二年级	失物招领部
三年级	常规部　体艺部　纪律部　卫生部　午餐部
四年级	礼仪部
五年级	护旗部
六年级	护鱼部　计分管理部

图6-2　校园服务项目递进式教学实践图

二、校园服务项目教学实施计划表（表6-1）

表6-1　校园服务项目教学实施计划表

劳动主题	教学目标	年段目标	教学内容	组织教师	教学路径	评价方式
校园"红领巾"	1.知道班级、校园各部门的运行机制，了解校园各部门的基础工作； 2.通过体验校园各部门的服务工作，提升学生的人际交往、团结合作能力，形成吃苦耐劳、严谨细致的工作态度； 3.经历利用知识、技能等为他人、社会提供服务的过程，树立公共服务意识，增强社会责任感。	一年级：班级事务、播音部服务 1.了解班级基础事务和校园播音部的主要工作，知道播音部在学校中的作用； 2.乐于参与班级事务管理，能协助播音部开展工作； 3.参与班级事务管理和播音部的工作，初步形成主人翁意识和服务意识。	1.班级基础事务； 2.播音部主要工作内容； 3.班级事务、播音部的工作步骤和技巧。	班主任、播音部负责教师	综合实践活动课	学生参与即评价（学生愿意积极参与班级事务管理和播音部日常工作）。
		二年级：失物招领部服务 1.了解失物招领部的主要工作，知道失物招领部在学校中的作用； 2.通过失物招领部相关工作的开展，初步培养人际交往、团结协作能力。	1.失物招领部的主要工作内容； 2.失物招领部的工作方法和步骤。	班主任、失物招领部负责教师	综合实践活动课	1.学生参与即评价（参与失物招领部的相关工作）； 2.（课外延伸）在失物招领部负责教师的指导下，学生分小组在失物招领部轮流值班，各小组之间交流值班经历。

续表

劳动主题	教学目标	年段目标	教学内容	组织教师	教学路径	评价方式
校园"红领巾"	1.知道班级、校园各部门的运行机制，了解校园各部门的基础工作； 2.通过体验校园各部门的服务工作，提升学生的人际交往、团结合作能力，形成吃苦耐劳、严谨细致的工作态度； 3.经历利用知识、技能等为他人、社会提供服务的过程，树立公共服务意识，增强社会责任感。	三年级：常规部、体艺部、纪律部、卫生部、午餐部服务 1.了解五部门的主要工作，知道五部门在学校中的作用； 2.通过模拟五部门的运行，了解合作共赢、共同成长的重要性，提高人际交往、团结协作能力； 3.乐意协助五部门开展工作，自愿担任班干部、五部门助理。	1.五部门的基础工作内容； 2.五部门工作的要求和技巧。	班主任、五部门负责教师	综合实践活动课	1.学生参与即评价（参与五部门的工作）； 2.（班会活动）在学生实地观察和学习五部门工作日志的基础上，教师组织学生模拟五部门的日常工作，检验学习成果。
		四年级：礼仪部服务 1.了解礼仪部的主要工作，知道礼仪部在学校中的作用； 2.了解礼仪文化、礼仪的重要性，形成礼仪文明伴我行的意识； 3.乐于协助礼仪部开展日常工作，自愿担任礼仪部助理。	1.礼仪部的日常工作内容； 2.中国的礼仪文化； 3.礼仪部的工作方法和流程。	班主任、礼仪部负责教师	综合实践活动课	1.学生参与即评价（参与礼仪部的日常工作）； 2.（知识竞赛）教师组织学生围绕礼仪部的工作内容、流程和中国的礼仪文化，以积分制的形式开展知识竞赛活动，学生对照积分表，对自己掌握相关知识的情况进行自评。

续表

劳动主题	教学目标	年段目标	教学内容	组织教师	教学路径	评价方式
校园"红领巾"	1.知道班级、校园各部门的运行机制，了解校园各部门的基础工作；2.通过体验校园各部门的服务工作，提升学生的人际交往、团结合作能力，形成吃苦耐劳、严谨细致的工作态度；3.经历利用知识、技能等为他人、社会提供服务的过程，树立公共服务意识，增强社会责任感。	五年级：护旗部服务 1.了解护旗部的主要工作，知道护旗部在学校中的作用；2.体会国旗的意义和重要性，提升爱国意识；3.愿意协助护旗部开展常规工作，自愿担任护旗部助理，增强荣誉感和成就感。	1.护旗部的工作内容和作用；2.国旗的意义和重要性；3.护旗部的工作方法和流程。	班主任、护旗部负责教师	道德与法治课	1.学生参与即评价（参与护旗部的工作）；2.（课外实践）分小组轮流负责每周的护旗队工作，在学期结束时，通过自评、互评、教师评价选出"最佳护旗队"。
		六年级：护鱼部、计分管理部 1.了解护鱼部、计分管理部的主要工作，知道护鱼部、计分管理部在学校中的作用；2.参与护鱼部和计分管理部相关工作，树立公共服务意识，增强社会责任感；3.自愿协助护鱼部、计分管理部开展工作，担任护鱼部、计分管理部的小助手。	1.护鱼部、计分管理部的主要工作内容和要求；2.护鱼部、计分管理部的工作步骤和方法。	班主任、护鱼部负责教师、计分管理部负责教师	综合实践活动课	1.学生参与即评价（参与护鱼部、计分管理部工作）；2.（工作报告）学生分小组完成照顾鱼儿的任务和计分表的收集工作，并整理成一份工作报告，在班级进行成果展示。

三、校园服务项目主题活动实施方案

一年级主题活动

班级事务、播音部服务

一、活动目标

1. 了解班级基础事务和校园播音部的主要工作，知道播音部在学校中的作用；

2. 乐于参与班级事务管理，能协助播音部开展工作；

3. 参与班级事务管理和播音部的工作，初步形成主人翁意识和服务意识。

二、活动准备

（一）教学资料

1. 教学视频：搜集1～2个有关班级事务管理、校园播音部日常工作的教学视频。

2. 文字材料：班级日常管理条例、播音部工作条例。

（二）组织人员

教师：学生所在班级班主任、校园播音部负责教师。

（三）活动场地

学校：各班所在教室、校园播音室。

三、活动流程

第一步：教师组织学生观看班级事务管理、校园播音部日常工作的相关教学视频，学习班级管理的方法、播音部的工作流程。

第二步：教师重点讲解班级事务管理和校园播音部的主要工作，以及播音部在学校中的作用。

第三步：教师将相关知识整理为顺口溜。

第四步：教师组织学生实地观察校园播音部的日常工作，播音部负责教师进行答疑解惑。

第五步：教师鼓励学生参与班级事务管理和播音部的日常工作。

四、教学内容

（一）班级事务管理工作流程

第一步：班级建设靠大家，积极参与顶呱呱。

第二步：班长老师勤沟通，检查监督做榜样。

第三步：学委学习能力强，收发作业互帮忙。

第四步：纪委监督守纪律，班级秩序维持好。

第五步：宣委传达新任务，黑板报刊展览墙。

第六步：体委带队做早操，搬运器材做保障。

第七步：卫生委员要严格，监督值日创环保。

第八步：团结奋进班集体，人人都应来创造。

（二）播音部服务工作流程

第一步：热爱广播好宣传，红领巾不忘佩戴。

第二步：反复熟悉记稿件，调整情绪和状态。

第三步：播出节目按要求，内容不得乱更改。

第四步：结束播音要登记，上交稿件定及时。

第五步：加紧练习普通话，字正腔圆展风采。

（三）知识拓展

1. 班级事务管理：

（1）学习：按时上课，不迟到；认真完成作业，按时上交；遵守课堂纪律，尊重老师。

（2）卫生：注重个人卫生，值日生要尽职尽责，每日打扫。

（3）活动：积极参与各项活动，为班级发展献计献策，使本班的活动搞得有特色。

2.播音站管理：

（1）成员组成：站长1名，副站长1名，编辑2名，播音员5名，小记者2～3名。

（2）稿件：稿件由各班同学投稿，由播音员、编辑和各班小记者搜集；要求投稿字迹工整干净，在稿纸第一行写上班级、姓名及投稿栏目，并将稿件交给编辑和站长。

五、活动评价

坚持"学生参与即评价"的理念，通过学习班级事务相关知识与参观校园播音部，提高学生参与班级事务管理和播音部日常工作的积极性。

二年级主题活动

失物招领部服务

一、活动目标

1. 了解失物招领部的主要工作，知道失物招领部在学校中的作用；

2. 通过失物招领部相关工作的开展，初步培养人际交往、团结协作能力。

二、活动准备

（一）教学资料

1. 教学视频：搜集1～2个有关失物招领的教学视频。

2. 文字材料：失物招领部一学期的工作日志、失物登记表、失物招领表。

（二）组织人员

教师：学生所在班级班主任、校园失物招领部负责教师。

（三）活动场地

学校：各班所在教室、校园失物招领部办公室。

三、活动流程

第一步：对班级全体学生进行分组，4人一组，每组选出1名小组长。

第二步：教师组织学生学习有关失物招领的教学视频，学习失物招领的工作流程。

第三步：教师组织学生实地观察失物招领部的日常工作，校园失物招领部负责教师现场为同学答疑。

第四步：在失物招领部负责教师的指导下，学生分小组在失物招领部轮流值班。

第五步：各小组之间交流值班经历。

四、教学内容

（一）失物招领部工作流程

第一步：失物招领好处多，拾金不昧创文明。

第二步：收到失物需登记，时间地点和物名。

第三步：查找信息再联系，核实身份不错领。

第四步：妥善保管无主物，保管周期是6月。

（二）拓展链接

1. 失物招领启事范例：

××学校的老师、同学：

你们好！

三年级2班××同学于3月23日课间在足球场跑道拾得现金若干，请失主到学校失物招领部××老师处认领。

2. 失物登记表：

失物编号	失物名称	失物特征	拾遗人	拾遗时间	拾遗位置	领取人	领取时间
1							
2							
3							
4							
5							
6							
……							

3. 失物招领表：

物品名称		拾取地点或由谁转交			
拾取时间		拾取人及联系方式			
遗失物品描述	1		认领描述核对	符合与否	
	2			符合与否	
领取人姓名		领取人证件号码			
领取时间		领取人联系方式			

五、活动评价

1. 坚持"学生参与即评价"的理念，通过参与失物招领部的相关工作，体会全心全意为同学服务的乐趣和成就感，初步培养拾金不昧、助人为乐的优良品质。

2.（课外延伸）在失物招领部负责教师的指导下，学生分小组在失物招领部轮流值班，各小组之间交流值班经历。

三年级主题活动

常规部、体艺部、纪律部、卫生部、午餐部服务

一、活动目标

1. 了解常规部、体艺部、纪律部、卫生部、午餐部（以下简称"五部门"）的主要工作，知道五部门在学校中的作用；

2. 通过模拟五部门的运行，了解合作共赢、共同成长的重要性，提升人际交往、团结协作能力；

3. 乐意协助五部门开展工作，自愿担任班干部、五部门助理。

二、活动准备

（一）教学资料

1. 教学视频：搜集 5～6 个有关五部门日常工作的教学视频。

2. 文字材料：五部门一个学期的工作日志。

（二）组织人员

教师：学生所在班级班主任、五部门负责教师。

（三）活动场地

学校：各班所在教室、五部门活动室。

三、活动流程

第一步：对班级全体学生进行分组，6人一组，每组选出1名小组长。

第二步：教师组织学生观看有关五部门日常工作的教学视频并提示注意事项。

第三步：教师组织学生分小组学习五部门的工作日志。

第四步：教师组织学生实地观察五部门的日常工作，五部门负责教师现场为学生答疑。

第五步：学生分小组模拟五部门的日常工作，检验成果。

四、教学内容

五部门工作的基本流程如下。

第一步：五部工作不复杂，理清职务人人夸。

第二步：常规检查记成绩，提醒他人规范行。

第三步：体艺活动先锋队，举办比赛传知识。

第四步：纪律部门查早读，课间制止违纪人。

第五步：卫生部门管卫生，教室操场要无痕。

第六步：午餐部门分饭菜，搭配膳食收意见。

五、活动评价

1. 坚持"学生参与即评价"的理念，引导学生积极参与五部门的工作；

2. （班会活动）在学生实地观察和学习五部门工作日志的基础上，教师组织学生模拟五部门的日常工作，检验学习成果。

四年级主题活动

礼仪部服务

一、活动目标

1. 了解礼仪部的主要工作，知道礼仪部在学校中的作用；

2. 了解礼仪文化、礼仪的重要性，形成礼仪文明伴我行的意识；

3. 乐于协助礼仪部开展日常工作，自愿担任礼仪部助理。

二、活动准备

（一）教学资料

1. 教学视频：搜集3～4个有关礼仪文化、礼仪部工作的教学视频。

2. 教学工具：礼仪训练道具。

（二）组织人员

教师：学生所在班级班主任、礼仪部负责教师。

（三）活动场地

学校：各班所在教室。

三、活动流程

第一步：教师组织学生观看有关礼仪文化、礼仪部工作的教学视频，学习礼仪相关知识。

第二步：礼仪部负责教师现场讲解日常生活中的礼仪知识、注意事项，进行现场答疑。

第三步：礼仪部负责教师运用礼仪训练道具对学生进行礼仪指导。

第四步：教师组织学生围绕礼仪部的工作内容、流程和中国礼仪文化，以积分制的形式开展知识竞赛活动。

第五步：教师在日常生活中提醒学生注意自身礼仪。

四、教学内容

（一）礼仪部工作流程

第一步：良好礼仪助交往，举止优雅展形象。

第二步：上学放学要站岗，老师学生问问好。

第三步：定时训练升护旗，检查学生讲文明。

第四步：课间宣传懂礼貌，校园风气日益棒。

（二）拓展链接

1. 日常礼仪。

（1）穿着礼仪：着装朴素得体，不穿奇装异服；女同学不披发，男同学不留长发；非活动要求不化妆，不佩戴首饰；按学校规定穿校服。

（2）交往礼仪：尊重师长，关爱同学；与人见面要问好；上课发言先举手，回答问题要起立；不歧视他人。

（3）升旗礼仪：升旗时，身穿校服行队礼；唱国歌时要严肃，声音要洪亮；认真听国旗下的讲话。

（4）就餐礼仪：饭前要洗手；吃饭时不吵闹，细嚼慢咽，节约粮食；吃饭后要洗手擦嘴，整理餐桌。

2. 礼仪小故事。

张飞问路，越问越远

张飞和刘备一起赶路，在路上迷了路，张飞就对刘备说："我到前面去问问路吧。"张飞是大大咧咧的人，做事鲁莽，他走到前面，看到一个老农在田里干活，就一把抓住他。张飞长得又凶，力气又大，谁经得住他这么一抓？张飞凶巴巴地问老农："喂，告诉老子，到×××去，怎么走！"老农吓得话都说不出来，哪还可以告诉他路怎么走，于是用手随便指了指。张飞一看，问道："是不是往那边走？""是！是！"张飞当了真，高高兴兴地回来告诉刘备，往那边走可以到达目的地。结果张飞问路，越问越远！

五、活动评价

1. 坚持"学生参与即评价"的理念，参与礼仪部的日常工作，养成日常注意自身礼仪的习惯；

2.（知识竞赛）教师组织学生围绕礼仪部的工作内容、流程和中国的礼仪文化，以积分制的形式开展知识竞赛活动，学生对照积分表，对自己掌握相关知识的情况进行自评。

五年级主题活动

护旗部服务

一、活动目标

1. 了解护旗部的主要工作，知道护旗部在学校中的作用；

2. 体会国旗的意义和重要性，提升爱国意识；

3. 愿意协助护旗部开展常规工作，自愿担任护旗部助理，增强荣誉感和成就感。

二、活动准备

（一）教学资料

1. 教学视频：搜集1～2个有关升旗、护旗的教学视频。

2. 教学工具：国旗、校旗。

（二）组织人员

教师：学生所在班级班主任、护旗部负责教师。

（三）活动场地

学校：各班所在教室、升旗台。

三、活动流程

第一步：对班级全体学生进行分组，4人一组，每组选出1名小组长。

第二步：教师组织学生学习有关升旗、护旗的教学视频，学习升旗、降旗、护旗等的方法。

第三步：教师组织学生现场观看护旗队的升旗、降旗、护旗等活动。

第四步：护旗部负责教师讲解相关要点，并现场答疑解惑。

第五步：学生分小组轮流负责每周的护旗队工作，护旗部负责教师从旁指导。

四、教学内容

（一）护旗部工作流程

第一步：五星红旗高高挂，护旗部门守护它。

第二步：周一整队升国旗，组织学生把歌唱。

第三步：周五降旗来保存，清洁干净折叠好。

第四步：每日训练走整齐，着装正式不缺席。

（二）拓展链接

中华人民共和国国旗是五星红旗，为中华人民共和国的象征和标志。五星红旗是长方形，旗面为红色，红色象征革命，五角星为黄色，象征红色大地上呈现光明。旗面左上方缀一颗大五角星，四颗小五角星围绕在大五角星的周围，表达亿万人民心向伟大的中国共产党，象征中国共产党领导下的革命人民大团结。

五、活动评价

1. 坚持"学生参与即评价"的理念，通过参与护旗部的工作，增强学生对国旗、校旗的敬畏感和学生的自我成就感；

2.（课外实践）学生分小组轮流负责每周的护旗队工作，在学期结束时，通过自评、互评、教师评价选出"最佳护旗队"。

六年级主题活动

护鱼部、计分管理部服务

一、活动目标

1. 了解护鱼部、计分管理部的主要工作，知道护鱼部、计分管理部在学校中的作用；

2. 参与护鱼部和计分管理部相关工作，树立公共服务意识，增强社会责任感；

3. 自愿协助护鱼部、计分管理部开展相关工作，担任护鱼部、计分管理部的小助手。

二、活动准备

（一）教学资料

1. 教学视频：搜集3～4个有关护鱼步骤、护鱼工具的使用的教学视频。

2. 护鱼工具：清洁用具、饲料、温度计等。

3. 计分工具：计分手册、计分细则等计分管理相关材料。

4. 工作日志：计分管理部一学期的工作日志。

（二）组织人员

教师：学生所在班级班主任、护鱼部负责教师、计分管理部负责教师。

（三）活动场地

学校：各班所在教室、校园鱼塘、计分管理部活动室。

三、活动流程

第一步：对班级全体学生进行分组，6人一组，每组选出1名小组长。

第二步：教师组织学生观看有关护鱼步骤、护鱼工具的使用的教学视频。

第三步：教师组织学生学习研讨计分管理部一学期的工作日志。

第四步：教师讲授工作步骤口诀，帮助学生理解记忆。

第五步：教师组织学生现场观看护鱼部、计分管理部的工作流程，两个部门的负责教师现场答疑解惑。

第六步：学生分小组完成照顾鱼儿的任务和计分表的收集工作，整理成一份工作报告，在班级进行成果展示。

四、教学内容

（一）护鱼部工作流程

第一步：鱼儿活泼水中游，护鱼部门必须有。

第二步：清点数量不遗忘，每周换水保健壮。

第三步：饲料投喂要频繁，两到三次且量少。

第四步：控制水温不过低，二十五度最适宜。

第五步：鱼缸清洗先捞鱼，排出污物保环境。

（二）计分管理部工作流程

第一步：计分管理是统筹，班级评优我来做。

第二步：周一分发计分表，讲解计分的细则。

第三步：各部考核和监督，班级表现有记录。

第四步：周五收集计分表，统计整理打分数。

第五步：从高到低来评比，颁发荣誉和奖品。

五、活动评价

1. 坚持"学生参与即评价"的理念，通过关注、引导学生在服务性劳动中的实际表现，让学生更加熟练地参与护鱼部、计分管理部工作；

2.（工作报告）学生分小组完成照顾鱼儿的任务和计分表的收集工作，整理成一份工作报告，在班级进行成果展示。

项目 8 职业体验

一、职业体验项目递进式教学实践图（图6-3）

一年级	二年级	三年级	四年级	五年级	六年级
校园小导游	一日修理工	一日分餐员	一日推销员	一日足球小裁判	一日茶艺师

图6-3 职业体验项目递进式教学实践图

二、职业体验项目教学实施计划表（表6-2）

表6-2 职业体验项目教学实施计划表

年级	劳动主题	教学目标	教学内容	组织教师	教学路径	评价方式
一年级	校园小导游	1. 意识到与他人分享知识也是一种劳动； 2. 知道如何进行地方文化介绍； 3. 学会通过参观、访问、调查、分工合作等解决问题； 4. 更加了解学校，增强对学校的热爱之情； 5. 体会到责任心的重要性。	1. 了解学校的环境； 2. 了解学校文化； 3. 学会介绍学校。	班主任、德育处教师	综合实践活动课	参与即评价。

续表

年级	劳动主题	教学目标	教学内容	组织教师	教学路径	评价方式
二年级	一日修理工	1. 体验修理工职业，知道东西坏了可以自己修理； 2. 初步了解修理工具的使用方法，掌握修理管道的技巧； 3. 通过修理管道培养动手能力、综合分析能力； 4. 经历修理过程，学会爱护物品、尊重劳动成果。	1. 了解修理工具的使用方法； 2. 掌握修理管道的方法； 3. 经历修管道的过程； 4. 整理修理现场，收好修理工具。	劳动课教师	劳动课	参与即评价。
三年级	一日分餐员	1. 初步形成合理分配、公正公平的意识； 2. 掌握有秩序、公平合理、不浪费的分餐技巧； 3. 通过与食堂工作人员对话，形成节约粮食的意识。	1. 了解如何有秩序地分餐； 2. 了解如何公平分餐； 3. 知道如何不浪费分餐； 4. 观察剩菜剩饭桶，对分餐效果进行评估。	班主任	班队活动	1. 参与即评价； 2.（主题活动）以"合理分配"为主题开展主题班会，学生分享自己作为"小小分餐员"的体验感受。
四年级	一日推销员	1. 通过参与脐橙义卖，知道双手可以创造快乐； 2. 知道如何设计包装盒，如何制作手抄报，如何进行推销； 3. 通过班集体一起制作脐橙包装盒，培养团队合作的能力； 4. 体会到金钱的来之不易，培养勤俭节约精神； 5. 初步养成自觉参与班级劳动的习惯，培养为班级奉献的品质。	1. 参与设计包装盒，制作手抄报； 2. 分组进行脐橙包装； 3. 布置义卖现场，进行义卖； 4. 点清筹款，捐献给对接小学； 5. 感受义卖活动的意义和价值。	综合实践活动课教师	综合实践活动课	1. 参与即评价（学生在劳动任务单上记录参与"一日推销员"活动的体验以及感受）； 2.（班级竞赛）分组开展义卖，根据销售额选出"小小推销员"，给予小组成员物质奖励。

223

续表

年级	劳动主题	教学目标	教学内容	组织教师	教学路径	评价方式
五年级	一日足球小裁判	1. 初步形成规则意识； 2. 掌握足球裁判技巧； 3. 通过与体育老师、球员对话，了解裁判员公平公正的工作要求； 4. 经历当足球裁判员的过程，培养严谨认真的品质。	1. 了解足球比赛规则； 2. 知道足球裁判工作要求与技巧； 3. 体验当足球裁判员的过程； 4. 与体育老师、球员对话。	体育老师	体育课	1. 参与即评价（教学活动结束之后，学生开展自评，并与父母分享自己的感受与收获）； 2.（班级竞赛）围绕足球竞赛规则，以积分制的形式开展足球知识竞赛，考查学生对比赛规则的掌握情况，给予前三名物质奖励。
六年级	一日茶艺师	1. 通过茶艺师职业体验了解劳动中蕴含的文化内涵； 2. 初步掌握泡茶、饮茶的礼仪与方法； 3. 通过茶艺师职业体验，学会安静与专注； 4. 经历泡茶、敬茶的过程，培养尊重他人的习惯。	1. 学习喝茶的礼仪； 2. 观看茶艺的操作流程； 3. 学生进行实际操作； 4. 分享今日收获。	劳动课教师	校本课程（茶艺课）	1. 参与即评价（学生在劳动日志中记录"一日茶艺师"活动的体验感受）； 2.（劳动周）学生向家长、教师展示其掌握的泡茶、饮茶礼仪与技巧，家长、教师和学生共同对学生参与情况做出综合性评价。

三、职业体验项目主题活动实施方案

一年级主题活动

校园小导游

一、活动目标

1. 意识到与他人分享知识也是一种劳动；

2. 知道如何进行地方文化介绍；

3. 学会通过参观、访问、调查、分工合作等解决问题；

4. 更加了解学校，增强对学校的热爱之情；

5. 体会到责任心的重要性。

二、活动准备

（一）教学资料

1. 课堂教学：导游旗杆、扩音器。

2. 导游培训：导游旗杆、导游培训指南、学校简介。

3. 上岗阶段：导游旗杆、扩音器。

（二）组织人员

教师：学生所在班级班主任、德育处教师。

（三）活动场地

1. 选拔阶段：各班所在教室。

2. 培训阶段：学校会议室。

3. 上岗阶段：校园。

三、活动流程

（一）选拔阶段

第一步：班级选拔。学生收集学校相关资料，撰写演讲稿，在班级内进行演说，全班学生及班主任投票评选出前三名。

第二步：年级选拔。德育处组织最后的选拔比赛，利用午读时间拍摄决赛选手的演讲视频，上传至学校社交网络媒体，根据点赞数评选出适量的校园小导游。

（二）培训阶段

第一步：德育处教师对选拔出来的学生进行导游培训，培训内容包括学校基本情况、参观路线、仪表仪态、对不同来访客人情况的分析等。要求小导游语言通顺，表达清楚，能基本表述清楚学校的特点、班级的情况、学生人数、办学理念、学校开展的大型活动等，有一定的表现力。

第二步：由德育处组织模拟导游活动，根据小导游的实际表现，针对性地做出指导，为上岗工作做准备。

（三）上岗阶段

第一步：学校开放日上午7:00，经过挑选和培训的小导游（每班2名）身穿校服，手持导游旗杆，分列在篮球场，恭候家长的到来。

第二步：家长签到后，由礼仪队员引领到各班小导游队伍里面。每队20人，由一名小导游带领家长参观校园，再到指定地点等候观看全校课间活动。另一名小导游等各班其余的家长到齐后，再带领家长参观校园，后到指定地点和第一队会合，等候观看全校课间活动（手语操）。

第三步：手语操结束后，小导游依次带领家长前往礼堂，到指定位置坐好，参加全校家长会，观看学生文艺表演。

第四步：全校家长会结束后，小导游带领家长到各班教室参加班级家长会。

四、活动评价

坚持"学生参与即评价"的理念，通过活动的组织实施，增强学生的责任心。

二年级主题活动

一日修理工

一、活动目标

1. 体验修理工职业，知道东西坏了可以自己修理；

2. 初步了解修理工具的使用方法，掌握修理管道的技巧；

3. 通过修理管道培养动手能力、综合分析能力；

4. 经历修理过程，学会爱护物品、尊重劳动成果。

二、活动准备

（一）教学资料

1. 教学课件：介绍修理工具使用方法及水管修理的课件。

2. 教学器材：工作服装、工具箱（需在教师指导下使用）。

（二）组织人员

1. 教师：劳动课教师。

2. 学校职工：学校水管修理师傅。

（三）活动场地

1. 培训阶段：各班所在教室。

2. 上岗阶段：校园内水管待修理处（由学校选择，确定安全后使用）。

三、活动过程

（一）分组阶段

第一步：班级分组。根据学生人数以及待维修水管的数量对班级学生进行分组。

第二步：教学分批。根据年级总人数和各班课表对"一日修理工"活动进行科学、有序的安排。

（二）培训阶段

第一步：认识生活中一些简单的修理工具，了解它们的使用方法。教师通过课件展示扳手、钉锤、螺丝刀、钳子、手锯等工具，通过实物操作演示让学生们深入认识这些工具。

第二步：邀请水管修理师傅讲解修理技巧并做示范，由教师及修理师傅领队到学校特设的修理场所学习修理。

第三步：模拟维修，根据学生的操作表现，有针对性地给予指导。

（三）上岗阶段

第一步：以小组为单位开展比赛，分组协作修理水管。

第二步：整理修理现场。

四、活动评价

坚持"学生参与即评价"的理念，通过活动的组织实施，让学生锻炼动手能力、综合分析能力。

三年级主题活动

一日分餐员

一、活动目标

1. 初步形成合理分配、公平公正的意识；

2. 掌握有秩序、公平合理、不浪费的分餐技巧；

3. 通过与食堂工作人员对话，形成节约粮食的意识。

二、活动准备

（一）教学资料

1. 教学课件：制作一个有关常用厨具使用方法的教学课件。

2. 教学器材：工作服、工作帽、卫生手套、卫生口罩、饭勺等厨具、汤桶等食物容器（食物由食堂工作人员制作并协助学生运到各个班级）。

（二）组织人员

1. 教师：学生所在班级班主任。

2. 学校职工：食堂工作人员。

（三）活动场地

学校：各班所在教室。

三、活动过程

（一）分组阶段

第一步：班级分组。根据学生人数进行分组，一周内按组有序开展分餐工作。

第二步：食堂工作人员分组。根据年级班级数对"一日分餐员"活动进行科学、有序的安排，确保每个班级有相应的食堂工作人员指导。

（二）培训阶段

第一步：认识生活中一些简单的厨具，了解它们的使用方法。

第二步：邀请食堂工作人员讲解分餐技巧并做示范。到食堂参观并学习。

第三步：模拟分餐，根据学生的表现，食堂工作人员有针对性地给予指导。

（三）上岗阶段

第一步：分餐前更换好工作服，戴好工作帽，戴上卫生手套和口罩。

第二步：分餐时要公平合理，要精力集中，迅速准确。

第三步：整理分餐现场。

四、活动评价

1. 坚持"学生参与即评价"的理念，通过活动的组织实施，学生掌握有秩序、公平合理、不浪费的分餐技巧。

2.（主题活动）以"合理分配"为主题开展主题班会，学生自主分享自己作为"小小分餐员"的体验感受。

四年级主题活动

一日推销员

一、活动目标

1. 通过参与脐橙义卖，知道双手可以创造快乐；

2. 知道如何设计包装盒，如何制作手抄报，如何进行推销；

3. 通过班集体一起制作脐橙包装盒，培养团队合作的能力；

4. 体会到金钱的来之不易，培养勤俭节约精神；

5. 初步养成自觉参与班级劳动的习惯，培养为班级奉献的品质。

二、活动准备

（一）教学资料

教学材料：彩纸、水彩笔、白纸（用于制作海报）、橙子收纳筐。

（二）组织人员

教师：综合实践活动课教师。

（三）活动场地

学校：操场。

三、活动流程

（一）准备阶段

第一步：分组准备。根据学生人数对班级进行分组，按组开展活动。

第二步：材料准备。对需要售卖的脐橙进行包装，制作推销海报。

第三步：场地准备。布置好义卖的场地。

（二）培训阶段

第一步：明确推销要求。推销员不仅要清楚而有条理地介绍脐橙，而且要用生动形象、富有感染力的语言打动顾客。同时还应当彬彬有礼、热情周到，这样才能获得顾客的好感，最终将脐橙推销出去。

第二步：小组合作创编广告，用生动形象的语言表现出脐橙的特点，力求打动顾客。宣传时要本着诚信的原则，不能夸大其词，做虚假广告。

第三步：模拟推销，根据学生的表现，教师有针对性地给予指导。

（三）上岗阶段

第一步：销售前摆放好商品以及海报，等待顾客的到来。

第二步：热情迎接顾客，积极推销商品。

第三步：整理销售现场，清点收入进行捐赠。

四、活动评价

1. 坚持"学生参与即评价"的理念，通过活动的组织实施，培养学生团队合作的能力（学生在劳动任务单上记录参与"一日推销员"活动的体验以及感受）；

2. （班级竞赛）分组开展义卖，根据销售额选出"小小推销员"，给予小组成员物质奖励。

五年级主题活动

一日足球小裁判

一、活动目标

1. 初步形成规则意识；

2. 掌握足球裁判的技巧；

3. 通过与体育老师、球员对话，了解裁判员公平公正的工作要求；

4. 经历当足球裁判员的过程，培养严谨认真的品质。

二、活动准备

（一）教学资料

1. 教学课件：制作有关足球裁判规则与手势的课件。

2. 教学器材：足球、口哨等。

（二）组织人员

教师：体育老师。

（三）活动场地

学校：足球场。

三、活动流程

（一）培训阶段

第一步：分组准备。根据学生人数对班级进行分组。

第二步：体育老师讲解足球裁判规则和手势，学生分组进行练习。

第三步：教师巡视，对学生手势进行点拨。学生分组练习，互相指导。

第四步：自主练习，学习理论知识，准备校园足球裁判考核。

（二）考核阶段

第一步：考试分为实践考试和理论考试两部分，实践成绩80分，理论成绩20分。总分达到80分以上者获"校园二级裁判员"胸徽及证书。总分60分至80分者，获得"校园三级裁判员"胸徽及证书。

第二步：校园三级裁判员作为记录员参加学校联赛、友谊赛15场以上，升为二级裁判员。

第三步：校园二级裁判员作为裁判员执法学校校园联赛、足球友谊赛20场以上，晋升为校园一级裁判员。

第四步：晋升校园一级裁判员的同学，除颁给奖品、证书和特制胸徽，还将作为小裁判明星登上俱乐部官网首页专栏，参加重庆市校园足球联赛执法。

（三）上岗阶段

第一步：班级开展足球比赛模拟裁判活动。

第二步：在班级、年级、学校举行的足球活动中担任足球小裁判。

四、活动评价

1.参与即评价，教学活动结束之后，学生开展自评，与父母分享自己的感受与收获；

2.（班级竞赛）围绕足球竞赛规则，以积分制的形式开展足球知识竞赛，考查学生对比赛规则的掌握情况，给予前三名物质奖励。

六年级主题活动

一日茶艺师

一、活动目标

1. 通过茶艺师职业体验了解劳动中蕴含的文化内涵；

2. 初步掌握泡茶、饮茶的礼仪与方法；

3. 通过茶艺师职业体验，学会安静与专注；

4. 经历泡茶、敬茶的过程，培养尊重他人的习惯。

二、活动准备

（一）教学资料

1. 教学课件：准备介绍泡茶、品茶礼仪与方法的教学课件。

2. 教学材料：茶具、茶叶、热水壶（注意避免烫伤）。

（二）活动人员

教师：劳动课教师。

（三）活动场地

学校：茶室。

三、活动流程

（一）学习阶段

第一步：了解泡茶、饮茶的礼仪与方法：保持茶具清洁，茶勺取茶，双手端茶，奉茶有序，及时添茶，收茶洁具。

第二步：教师讲解并演示茶艺流程。

（二）上岗阶段

第一步：烫壶。在泡茶之前需用开水烫壶，一是可以去除茶壶中的异味，二是烫壶有助挥发茶香。

第二步：置茶，也叫作"投茶"，即将称好的一定数量的干茶叶置入茶杯或茶壶，以备冲泡。用盖杯的时候可以直接用茶则置茶，投茶量也要看所冲泡的茶叶种类以及个人的口味。

第三步：高冲。冲泡茶叶需高提水壶，水自高处注入茶壶，使茶叶在壶内翻滚，散开，以更充分地泡出茶味，俗称"高冲"。一般第一冲需要倒掉。

第四步：低泡。泡好的茶就可以倒入茶盅，茶壶壶嘴与茶盅之距离不要太远，以壶嘴放低为佳，以免茶内的香气过度散发，俗称"低泡"。一般第一泡茶汤与第二泡茶汤在茶盅内混合，第三泡茶汤与第四泡茶汤混合，效果更佳。

第五步：分茶。将茶盅里的茶分别倒入客人的杯子中，一般杯中的茶以七分满为宜。

第六步：奉茶。将茶杯连同杯托一并放置在客人面前，是为奉茶，也叫敬茶。

第七步：闻香品茶。品茶之前，可以先观察茶的颜色，闻茶的香味，最后才品尝。品尝应注意礼仪："品"字三个口，一杯茶需分三口品尝，且在品茶之前，需注视泡茶师一至两秒，稍带微笑以示感谢。

四、活动评价

1.坚持"学生参与即评价"的理念，通过活动的组织实施，学生掌握泡茶、饮茶的礼仪与方法等（学生在劳动日志中记录"一日茶艺师"活动的体验和感受）；

2.（劳动周）学生向家长、教师展示其掌握的泡茶、饮茶礼仪与技巧，家长、教师和学生共同对学生的参与情况做出综合性评价。

项目 9 社区公益

一、社区公益项目递进式教学实践图（图6-4）

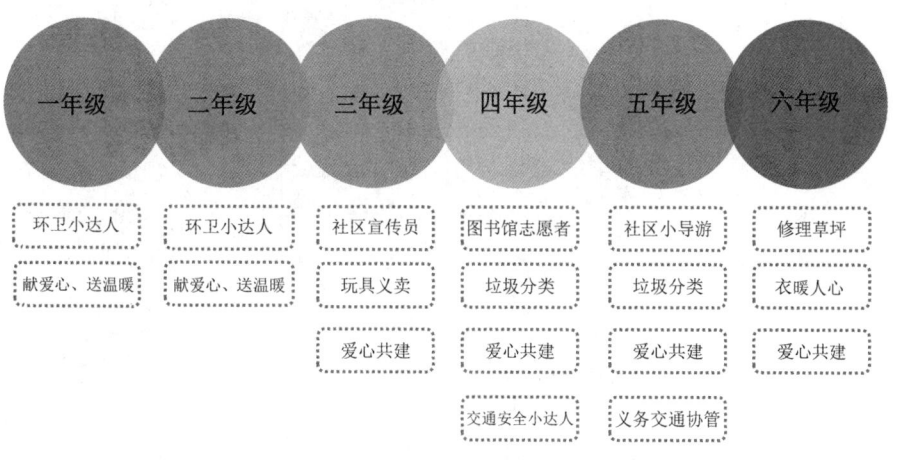

一年级	二年级	三年级	四年级	五年级	六年级
环卫小达人	环卫小达人	社区宣传员	图书馆志愿者	社区小导游	修理草坪
献爱心、送温暖	献爱心、送温暖	玩具义卖	垃圾分类	垃圾分类	衣暖人心
		爱心共建	爱心共建	爱心共建	爱心共建
			交通安全小达人	义务交通协管	

图6-4 社区公益项目递进式教学实践图

二、社区公益项目教学实施计划表（表6-3）

表6-3　社区公益项目教学实施计划表

年级	劳动主题	教学目标	教学内容	组织教师	教学路径	评价方式
一年级	环卫小达人	1. 愿意主动拾起身边的垃圾； 2. 初步掌握清理垃圾的技能； 3. 培养爱卫生、讲文明的习惯。	1. 开展环卫活动的重要性； 2. 清理垃圾的方法； 3. 在日常生活中怎样做到爱卫生、讲文明。	班主任	班队活动	1. 参与即评价； 2.（班会）开展有关劳动工具辨认、使用的小游戏。
一年级	献爱心、送温暖	1. 初步形成关爱他人的意识； 2. 知道哪些人需要帮助； 3. 在帮助他人的过程中体验到快乐。	1. 身边哪些人需要献爱心、送温暖； 2. 献爱心活动的意义； 3. 献爱心活动的主要步骤。	道德与法治课教师	道德与法治课	1. 参与即评价； 2.（课外实践）围绕"献爱心、送温暖"的主题，学生在家长的带领下，为身边有需要的人送温暖。
二年级	环卫小达人	1. 能主动拾起身边的垃圾； 2. 能体会环卫工人的艰辛； 3. 培养爱护环境的品质。	1. 校园环卫工作的主要内容； 2. 分小组参与环卫工作。	班主任	班队活动	1. 参与即评价； 2.（主题活动）开展"劳动知识知多少"主题分享活动，检验学生学习成果。
二年级	献爱心、送温暖	1. 能主动帮助需要帮助的人； 2. 知道如何帮助他人； 3. 培养乐于助人的品质。	1. 与特殊儿童相处的注意事项； 2. 如何帮助他人。	道德与法治课教师	道德与法治课	1. 参与即评价； 2.（调研活动）围绕"乐于助人"的主题，学生在家长的协助下调研如何更好地帮助他人，在班级内汇报分享。

续表

年级	劳动主题	教学目标	教学内容	组织教师	教学路径	评价方式
三年级	社区宣传员	1.了解宣传的意义；2.知道宣传工作的内容；3.锻炼宣传能力。	1.宣传的作用与意义；2.宣传工作的内容；3.如何办黑板报、布置宣传栏。	综合实践活动课教师	综合实践活动课	1.参与即评价（学生制作劳动图志，记录劳动感受以及收获）；2.（班级竞赛）运用"社区宣传员"活动中所学到的知识和技能，学生以小组为单位为自己的社区设计宣传海报并上传至任一社交媒体，根据点赞数量，给予前三名物质奖励。
	玩具义卖	1.愿意将自己的玩具拿出来义卖；2.初步掌握交易技能；3.通过义卖活动，懂得分享的价值和快乐。	1.如何进行简单交易；2.如何推销自己的玩具；3.如何给玩具定价；4.玩具义卖的意义。	劳动课教师	劳动课	1.参与即评价（学生以周记的形式记录自己劳动的体会与收获）；2.（主题活动）开展活动表彰大会（重在分享义卖的感受以及肯定义卖活动的正面影响）。

续表

年级	劳动主题	教学目标	教学内容	组织教师	教学路径	评价方式
三年级	爱心共建	1. 形成团结合作意识； 2. 提高协作能力； 3. 初步培养同理心和助人精神。	1. 爱心共建的意义与重要性； 2. 结交爱心小伙伴； 3. 了解爱心小伙伴的情况； 4. 学习写爱心方案； 5. 爱心共建的注意事项。	道德与法治课教师	道德与法治课	1. 参与即评价（教师通过课堂提问互动检验学生参与情况）； 2.（班级竞赛）围绕学生在活动中所写的爱心方案，教师、学生、家长根据方案可实施性，选出3名学生的方案实施落地。
四年级	图书馆志愿者	1. 了解图书馆的管理工作； 2. 培养服务他人、乐于奉献的品质。	1. 图书馆管理工作的内容； 2. 图书馆管理工作的注意事项。	劳动课教师	劳动课	1. 参与即评价（围绕"图书馆志愿者"活动，学生交流经验与感受）； 2.（课外实践）学生为本校图书馆制作温馨提示标语，图书管理员和教师筛选3条标语在图书馆内使用。
四年级	垃圾分类	1. 愿意在生活中主动进行垃圾分类； 2. 学习垃圾分类相关知识； 3. 初步形成环保观念。	1. 垃圾分类相关知识； 2. 垃圾分类的意义。	科学课教师	科学课	1. 参与即评价（通过垃圾分类实践活动检验学生的学习情况）； 2.（课外实践）学生在家长的协助下对家庭垃圾进行分类处理。

续表

年级	劳动主题	教学目标	教学内容	组织教师	教学路径	评价方式
四年级	爱心共建	1. 体会帮助他人的快乐；2. 提高沟通能力和团结协作能力；3. 获得帮助他人的成就感，培养爱心和乐于助人精神。	1. 根据爱心方案，帮助爱心小伙伴；2. 爱心共建的环节与步骤；3. 爱心共建文艺表演。	道德与法治课教师	道德与法治课	1. 参与即评价（学生在劳动日志中记录活动的体验与感受）；2.（主题活动）以此次爱心共建活动为基础，学生以小组为单位优化方案，由教师汇总展示。
	交通安全小达人	1. 树立交通安全意识；2. 掌握交通安全知识。	1. 交通标志；2. 交通手势；3. 如何应对交通事故。	班主任	班队活动	1. 参与即评价（学生在周记中记录自己的活动感受）；2.（课外实践）围绕教师选取的交通事故视频，学生充当小小解说员，向父母普及交通安全知识。
五年级	社区小导游	1. 形成爱社区的意识；2. 初步了解导游工作；3. 通过社区小导游活动锻炼口头表达能力。	1. 从哪些方面介绍宣传社区；2. 如何组织语言；3. 社区的特色。	综合实践活动课教师	综合实践活动课	1. 参与即评价（学生在劳动日志中记录自己的收获和感受）；2.（课外实践）学生为社区拍摄宣传视频，上传到班级的视频库，供同学交流分享。

续表

年级	劳动主题	教学目标	教学内容	组织教师	教学路径	评价方式
五年级	垃圾分类	1.掌握垃圾分类的知识； 2.能主动宣传垃圾分类； 3.通过垃圾分类树立绿色环保的观念。	1.垃圾分类的知识； 2.如何进行宣传。	科学课教师	科学课	1.参与即评价（在垃圾分类的游戏中学生可以检验自己的知识掌握情况）； 2.（调研报告）活动结束后，学生自己制作并向外投放与垃圾分类相关的纸质调查问卷，在班会课交流调查结果。
	爱心共建	1.乐于帮助他人，体会帮助他人的快乐； 2.通过跟团队共建，掌握爱心共建的核心内容与精神； 3.逐步培养乐于助人的精神。	1.探究爱心共建的精神； 2.爱心共建的内容； 3.帮助爱心小伙伴。	道德与法治课教师	道德与法治课	1.参与即评价（学生在劳动日志中记录自己的收获与感受）； 2.（课外实践）围绕"爱心共建"活动主题，学生自主设计宣传单，展示分发给周围的朋友，鼓励他们共同参与"爱心共建"活动。
	义务交通协管	1.树立安全和服务意识； 2.能参与协助交通管理； 3.培养责任感。	1.指挥社区交通； 2.安全注意事项。	班主任	班队活动	1.参与即评价（学生在劳动日志中记录自己的劳动感受）； 2.（劳动展板）学生在教师的协助下用活动期间所拍摄的照片设计制作一块展板，展示在文化墙上。

续表

年级	劳动主题	教学目标	教学内容	组织教师	教学路径	评价方式
六年级	修理草坪	1. 形成爱护环境的意识； 2. 初步掌握修理草坪的技能； 3. 通过修理草坪的过程获得成就感，培养热爱劳动的优秀品质。	1. 修理草坪的工具； 2. 正确修理草坪的方法； 3. 修理草坪过程中的安全问题。	劳动课教师	劳动课	1. 参与即评价（学生在周记中记录自己的劳动感受）； 2. （课外实践）学生按照教师指示购买盆栽，利用所学技巧进行修剪。修剪后，盆栽可带至学校，装饰美化校园环境。
	衣暖人心	1. 能够主动捐献自己的衣物； 2. 通过衣物捐献，培养乐于助人的精神。	捐献衣物，帮助他人。	班主任	班队活动	1. 参与即评价（围绕此次衣物捐献活动，学生制作手账记录活动经历和收获）； 2. （主题活动）学生写下此次捐献活动的心得体会，由学生、教师、家长一起给予评价。
六年级	爱心共建	1. 体会帮助他人的快乐； 2. 提高沟通能力和团结协作能力； 3. 获得帮助他人的成就感，培养爱心和乐于助人精神。	1. 策划文艺表演的基本步骤； 2. 帮助爱心小伙伴。	道德与法治课教师	道德与法治课	1. 参与即评价（学生在劳动日志中记录活动体验与感受）； 2. （文化周）围绕爱心共建活动组织成果展览，邀请家长、学校领导参观。

241

三、社区公益项目主题活动实施方案

一年级主题活动

环卫小达人

一、活动目标

1. 愿意主动拾起生活中的垃圾，能意识到自主劳动可以让生活更充实，环境更美好；

2. 通过教师演示与自己的实践，掌握清理垃圾的技能，能将一个区域清理干净；

3. 能正确使用简单的劳动工具，提升劳动能力和动手能力，在与组员合作的过程中锻炼团队协作能力；

4. 经历参与校园环卫工作的过程，培养爱卫生、讲文明的习惯。

二、活动准备

（一）教学资料

1. 教学课件：制作讲解常用劳动工具使用方法的教学课件。

2. 教学材料：扫把（每组3把）、一次性手套（每人1双）、塑料袋（每组2只）、垃圾桶、遮阳帽、奖状。

（三）组织人员

1. 教师：班主任。

2. 学校职工：学校环卫工人。

（三）活动场地

学校：校园（根据环卫工作的难度，将校园分为几个主要区域，例如教室、大厅、操场、校门口等，分区域开展活动）。

三、活动流程

第一步：将学生分为 10 组，每组 3～5 人，含 1 名组长（负责监督组员的工作以及工具的回收）。

第二步：教师和环卫工人讲授环卫相关知识，讲解劳动工具的使用方法。

第三步：教师和环卫工人为各组分配环卫区域，将各组带到指定区域并分发劳动工具。

第四步：组长带着组员开会，分配工作并说明注意事项，教师给予指导。

第五步：小组开展环卫工作，学校环卫工人现场指导。

第六步：组长集合组员，检查环卫工作与工具回收情况。

四、活动评价

1. 坚持"学生参与即评价"的理念，通过活动的组织实施，学生逐步养成讲卫生、懂礼貌的习惯；

2. （班会）开展有关劳动工具辨认、使用的小游戏。

献爱心、送温暖

一、活动目标

1. 初步形成关爱他人的意识；

2. 了解献爱心活动的主要步骤，增强对他人的同理心，学会关心关爱他人；

3. 了解帮助他人的重要意义，在帮助他人的过程中体验到快乐，在日常生活中愿意主动帮助需要帮助的人。

二、活动准备

（一）教学资料

教学材料：捐赠物资、志愿者马甲、相机等。

（二）组织人员

1. 教师：道德与法治课教师。

2. 学校职工：负责献爱心活动的学校职工。

3. 家长：照顾学生日常生活的监护人。

（三）活动场地

校外：当地养老院。

三、活动流程

第一步：教师提前向学生、家长告知注意事项。

第二步：以学校为单位统一乘大巴到达活动场地。

第三步：布置活动场地。

第四步：学生为老人表演节目。

第五步：学生与家长慰问老人，向老人赠送物资。

第六步：活动总结。

四、活动评价

1. 坚持"学生参与即评价"的理念，通过活动的组织实施，学生初步形成关爱他人的意识；

2. （课外实践）围绕"献爱心、送温暖"的主题，学生在家长的带领下，为身边有需要的人送温暖。

二年级主题活动

环卫小达人

一、活动目标

1. 学生能主动拾起生活中的垃圾，能意识到自主劳动可以让生活更充实、环境更美好；

2. 了解环卫工人的工作内容，学会清理生活垃圾；

3. 能正确使用铁钳、手套等劳动工具，提升动手能力和团队协作能力；

4. 经历小组合作、师生共同参与的过程，培养环保意识和乐于奉献、不怕艰苦的精神；

5.树立劳动意识，养成良好的卫生习惯，为美好环境做出自己的贡献。

二、活动准备

（一）教学资料

1.教学课件：制作讲解常用劳动工具使用方法的教学课件。

2.教学材料：扫把（每组3把）、一次性手套（每人1双）、塑料袋（每组2只）、垃圾桶、遮阳帽、奖状。

（二）组织人员

1.教师：班主任。

2.学校职工：学校环卫工人。

（三）活动场地

学校：校园（根据环卫工作的难度，将校园分为几个主要区域，例如教室、大厅、操场、校门口等，分区域开展活动）。

三、活动流程

第一步：将学生分为10组，每组3～5人，含1名组长（负责监督组员的工作以及工具的回收）。

第二步：教师和环卫工人讲解环卫相关知识和注意事项。

第三步：教师和环卫工人为各组分配环卫区域，并将各组带到指定区域，分发劳动工具。

第四步：组长带着组员开会，分配工作并说明注意事项，教师给予指导。

第五步：小组开展环卫工作，学校环卫工人现场指导。

第六步：组长集合组员，检查环卫工作与工具回收情况。

四、活动评价

1.坚持"学生参与即评价"的理念，通过活动的组织实施，培养学生自主劳动的意识；

2.（主题活动）开展"劳动知识知多少"主题分享活动，检验学生学习成果。

献爱心、送温暖

一、活动目标

1. 学生愿意主动帮助需要帮助的人，能在帮助他人的过程中体验到快乐；

2. 知道应当如何帮助别人，能为他人提供帮助；

3. 参与献爱心、送温暖活动，提升执行能力和团队协作能力；

4. 培养同理心，知道美好生活来之不易。

二、活动准备

（一）教学资料

教学材料：捐赠物资、志愿者马甲、相机等。

（二）组织人员

1. 教师：道德与法治课教师。

2. 校外人员：特殊教育学校工作人员。

3. 家长：照顾学生日常生活的监护人。

（三）活动场地

校外：当地特殊教育学校。

三、活动流程

第一步：教师提前告知学生特殊教育学校的情况和活动内容及注意事项。

第二步：以学校为单位统一乘大巴到达特殊教育学校。

第三步：特殊教育学校工作人员介绍学校基本情况。

第四步：学生在教师和家长的引导下对特殊教育学校学生提供帮助（打扫卫生、陪伴玩耍、捐献物资）。

第五步：活动总结。

四、活动评价

1. 坚持"学生参与即评价"的理念，通过活动的组织实施，让学生知道应当如何帮助别人。

2.（调研活动）围绕"乐于助人"的主题，学生在家长的协助下调研如何更好地帮助他人，在班级内汇报分享。

三年级主题活动

社区宣传员

一、活动目标

1. 了解社区宣传员的工作，能进行简单的社区宣传活动；

2. 知道宣传工作的内容，了解社区的主要宣传活动，提升管理能力和沟通表达能力；

3. 参与社区宣传员活动，培养文字编辑能力、绘画能力和社会责任感；

4. 形成尊重劳动的优秀品质，提升公民素养。

二、活动准备

（一）教学资料

1. 教学材料：粉笔、胶水、工作马甲、打印机、笔记本、笔等。

2. 教学器材：社区黑板、宣传橱窗。

（二）组织人员

1. 教师：综合实践活动课教师。

2. 社区职工：社区工作人员。

（三）活动场地

校外：学校附近社区。

三、活动流程

第一步：将学生分为2～3人一组，社区工作人员讲解活动中应注意的问题。

第二步：社区工作人员提供社区宣传主题并给予相应指导。

第三步：学生根据主题以及社区宣传资料办黑板报，在宣传橱窗上粘贴相关的宣传资料。

第四步：印发宣传单，发放给社区居民，或者上门宣传相关知识。

第五步：活动总结。

四、活动评价

1. 坚持"学生参与即评价"的理念，通过活动的组织实施，学生学会进行简单的社区宣传活动（学生制作劳动图志，记录劳动感受以及收获）；

2. （班级竞赛）运用"社区宣传员"活动中所学到的知识和技能，学生以小组为单位为自己的社区设计宣传海报并上传至任一社交媒体，根据点赞数量，给予前三名物质奖励。

玩具义卖

一、活动目标

1. 学生愿意主动拿出自己的玩具义卖，能意识到帮助他人可以让生活更充实、更美好；

2. 了解义卖过程，锻炼运算能力和逻辑能力；

3. 能与他人进行简单的交易，能把交易技能运用在生活中；

4. 通过玩具义卖，培养乐于助人、乐于奉献的良好品质；

5. 形成尊重劳动的优秀品质，珍惜身边的每一件事物。

二、活动准备

（一）教学资料

1. 教学材料：红纸、笔、玩具义卖宣传海报、横幅、卡纸、笔、玩具、零钱等。

2. 教学器材：野餐布若干（用于学生摊位）、捐款箱。

（二）组织人员

1. 教师：劳动课教师。

2. 家长：照顾学生日常生活的监护人。

（三）活动场地

学校：操场。

三、活动流程

第一步：学生带着自己的义卖玩具，在指定区域选择自己的义卖场地并对场地进行布置。

第二步：学生给玩具定价，并且向他人（学生、家长、教师）推销自己的玩具，完成交易。

第三步：学生将义卖得来的爱心款放入捐款箱，在红纸上写下自己的姓名与捐款数。

第四步：义卖活动结束后，学校将捐款交给山区的孩子。

四、活动评价

1. 坚持"学生参与即评价"的理念，通过活动的组织实施，学生学会与他人进行简单的交易，形成尊重劳动的品质（学生以周记的形式记录自己劳动的体会与收获）；

2. （主题活动）开展活动表彰大会（重在分享义卖的感受以及肯定义卖活动的正面影响）。

爱心共建

一、活动目标

1. 学生积极参与爱心共建活动；

2. 结交爱心小伙伴，详细了解他们的家庭情况，体会他们生活的艰难与不易；

3. 在了解爱心小伙伴的前提下，学习写爱心方案，知道如何为他人提供力所能及的帮助；

4. 通过爱心共建活动培养乐于助人的精神。

二、活动准备

（一）教学资料

教学材料：横幅、相机、活动马甲、爱心物资。

（二）组织人员

1. 教师：道德与法治课教师、爱心共建活动负责教师。

2. 家长：照顾学生日常生活的监护人。

（三）活动场地

学校：各班所在教室。

校外：爱心共建活动场地。

三、活动流程

第一步：教师在班上开展爱心共建动员会，发出活动号召，确定活动人员。

第二步：以学校为单位统一乘大巴到达爱心共建活动场地。

第三步：布置活动场地。

第四步：介绍活动主要内容和记录所捐赠的物品。

第五步：在慰问困难家庭环节结交帮扶的爱心小伙伴。

第六步：在了解爱心小伙伴的基础上确定爱心方案（如为爱心小伙伴捐赠衣物和文具）。

第七步：活动总结。

四、活动评价

1. 坚持"学生参与即评价"的理念，通过活动的组织实施，学生能认识到爱心共建的意义与重要性（教师通过课堂提问互动检验学生参与情况）；

2.（班级竞赛）围绕学生在活动中所写的爱心方案，教师、学生、家长根据方案可实施性，选出 3 名学生的方案实施落地。

四年级主题活动

图书馆志愿者

一、活动目标

1. 学生愿意当志愿者，能意识到帮助他人可以让生活更充实、更美好；

2. 了解图书馆工作人员的日常工作内容，能够参与图书馆的简单工作；

3. 学习图书馆、阅览室规章，借还书规则，图书分类、编号、登记制度，提升操作能力和管理能力；

4. 经历管理图书的过程，培养细致认真、踏实稳重的品质。

二、活动准备

（一）教学资料

教学材料：书籍标签、志愿者马甲、纸、笔等。

（二）组织人员

1. 教师：劳动课教师。

2. 学校职工：图书管理员。

（三）活动场地

学校：图书馆。

三、活动流程

第一步：教师将学生分为5组，负责图书馆的不同工作，每组选出1名组长。

第二步：图书管理员对学生进行培训指导，提出注意事项。

第三步：学生开始工作，相互配合，图书管理员协调、指导。

第四步：图书管理员对学生工作成果进行检查与评价。

四、活动评价

1. 坚持"学生参与即评价"的理念，通过活动的组织实施，学生提升操作能力和管理能力（围绕"图书馆志愿者"活动，学生交流经验与感受）；

2.（课外实践）学生为本校图书馆制作温馨提示标语，图书管理员和教师筛选 3 条标语在图书馆内使用。

垃圾分类

一、活动目标

1.学生愿意在生活中主动进行垃圾分类，能意识到垃圾分类可以让环境更美好；

2.掌握垃圾分类相关知识，成为垃圾分类的践行者和宣传者；

3.领会垃圾分类的重要性，掌握分类小窍门，提高分类准确率，初步形成绿色、低碳、环保的理念。

二、活动准备

（一）教学资料

教学材料：各类垃圾卡片，教具垃圾桶。

（二）组织人员

教师：科学课教师。

（三）活动场地

学校：各班所在教室。

三、活动流程

第一步：将学生分为 5 组，每组 6～10 人。

第二步：教师讲解垃圾分类相关知识，介绍分类技巧。

第三步：开展"垃圾投投投"的小游戏，学生每个人手持一张垃圾卡片，依次投放到教具垃圾桶里，哪组正确率高哪组获胜，获胜组成员可获得小礼品。

第四步：垃圾分类知识竞赛。

第五步：教师对活动进行总结，宣传垃圾分类的重要性。

四、活动评价

1. 坚持"学生参与即评价"的理念，通过活动的组织实施，学生掌握垃圾分类相关知识（通过垃圾分类实践活动检验学生的学习情况）；

2.（课外实践）学生在家长的协助下对家庭垃圾进行分类处理。

爱心共建

一、活动目标

1. 根据撰写的爱心方案，给爱心小伙伴提供帮助，体会帮助他人的快乐；

2. 通过参与活动，提高沟通能力和团队协作能力；

3. 熟悉爱心共建活动的环节与步骤，为之后参与活动打下基础；

4. 获得帮助他人的成就感，培养爱心和乐于助人的精神。

二、活动准备

（一）教学资料

教学材料：横幅、相机、活动马甲、爱心物资。

（二）组织人员

1. 教师：道德与法治课教师、爱心共建活动负责教师。

2. 家长：照顾学生日常生活的监护人。

（三）活动场地

1. 学校：各班所在教室。

2. 校外：爱心共建活动场地。

三、活动流程

第一步：以班级为单位统一乘大巴到达爱心共建活动场地。

第二步：布置活动场地。

第三步：向市民介绍活动主要内容和记录所捐赠的物品。

第四步：根据爱心方案对爱心小伙伴提供帮助。

第五步：爱心共建文艺表演。

第六步：活动总结。

四、活动评价

1. 坚持"学生参与即评价"的理念，通过活动的组织实施，培养助人为乐的精神（学生在劳动日志中记录活动体验与感受）；

2.（主题活动）以此次爱心共建活动为基础，学生以小组为单位优化方案，由教师汇总展示。

交通安全小达人

一、活动目标

1. 学生愿意主动学习交通安全知识，能意识到交通安全的重要性；

2. 掌握交通安全知识，能对违反交通规则的行为进行劝导；

3. 增强自觉遵守法律法规、文明安全参与交通的意识；

4. 形成文明出行的习惯并对身边的亲人产生良好影响。

二、活动准备

（一）教学资料

1. 教学课件：制作有关交通规则与手势的课件。

2. 教学材料：交通指挥手势卡、交通标志卡。

（二）组织人员

教师：班主任。

（三）活动场地

学校：各班所在教室。

三、活动流程

第一步：教师讲解交通安全的重要性。

第二步：教师讲解交通安全相关知识，教授交通手势与常见交通标志。

第三步：模拟交通事故现场，考验学生处理交通事故的能力。

第四步：开展交通手势与交通标志知识竞赛。

第五步：教师总结，学生发表感想。

四、活动评价

1.坚持"学生参与即评价"的理念，通过活动的组织实施，学生掌握交通安全知识（学生在周记中记录自己的活动感受）；

2.（课外实践）围绕教师选取的交通事故视频，学生充当小小解说员，向父母普及交通安全知识。

五年级主题活动

社区小导游

一、活动目标

1.了解导游的基本工作，初步掌握导游工作技巧；

2.学会筛选资料、提取信息、分工合作解决问题；

3.更加了解社区、热爱社区，增强社会责任感。

二、活动准备

（一）教学物资

1.教学课件：教师制作导游基础知识课件。

2.教学材料：导游词、游览顺序图、社区设施文化资料、喇叭、话筒。

（二）组织人员

1.教师：综合实践活动课教师。

2.社区职工：社区宣传人员。

（三）活动场地

校外：学校附近社区。

三、活动流程

第一步：将学生分为室外组（30人）和室内组（20人）。

第二步：访客来社区参观，室内、室外组协调合作。

室外组：分批次分区域向访客介绍社区环境。一般两人负责一个区域。

室内组：分批次在会客厅向访客介绍社区特色与管理。

第三步：访客参观社区，学生跟随介绍，解答疑惑。

第四步：礼貌送走访客后对场地进行整理。

四、活动评价

1.坚持"学生参与即评价"的理念，通过活动的组织实施，学生对导游的基本工作有一定了解，增强沟通交流能力（学生在劳动日志中记录自己的收获和感受）；

2.（课外实践）学生为社区拍摄宣传视频，上传到班级的视频库，供同学交流分享。

垃圾分类

一、活动目标

1.学生愿意在生活中主动进行垃圾分类，意识到垃圾分类可以让环境更美好，并且愿意去影响身边的人；

2.巩固垃圾分类相关知识，能主动对垃圾分类的知识进行宣传和讲解，提升语言组织能力和表达能力；

3.领会垃圾分类的重要性，掌握分类小窍门，提高分类准确率，形成绿色、低碳、环保的理念。

二、活动准备

（一）教学资料

教学材料：飞行棋布、话筒、骰子、标有不同垃圾名称的小球、垃圾分类问题卡片、垃圾卡片、垃圾桶。

（二）组织人员

教师：科学课教师。

（三）活动场地

学校：各班所在教室。

三、活动流程

第一步：教师带领学生学习垃圾分类相关知识。

第二步：教师与学生一起布置活动场地。

第三步：开展垃圾分类小游戏。

游戏一 "垃圾分一分"

游戏说明：随机分给参与者三张垃圾卡片，全部放入正确的垃圾桶后，可获得一枚印章。

游戏二 "垃圾分类投一投"

游戏说明：两位参与者比拼，每人随机分到5个写有不同种类垃圾名称的小球，在规定的30秒内，投入垃圾桶的正确数多的可获得一枚印章。

游戏三 "垃圾分类飞行棋"

游戏说明：两人在飞行棋布上比拼，根据所摇的骰子数向前进，每前进一次回答一个有关垃圾分类的问题，最先到达终点的可获得一枚印章。

题目建议：（1）旧衣服属于什么垃圾？（2）过期药品属于什么垃圾？

第四步：印章兑换环保小礼品。

第五步：活动结束后教师与学生整理器材，打扫场地。

四、活动评价

1.坚持"学生参与即评价"的理念，通过活动的组织实施，学生巩固垃圾分类的知识（在垃圾分类的游戏中学生可以检验自己的知识掌握情况）；

2.（调研报告）活动结束后，学生自己制作并向外投放与垃圾分类相关的纸质调查问卷，在班会课交流调查结果。

爱心共建

一、活动目标

1. 根据撰写的爱心方案，给爱心小伙伴提供帮助，体会帮助他人的快乐；

2. 通过参与活动，提高沟通能力和团队协作能力；

3. 熟悉爱心共建活动的环节与步骤，为之后参与活动打下基础；

4. 获得帮助他人的成就感，培养爱心和乐于助人的精神。

二、活动准备

（一）教学资料

教学材料：横幅、相机、活动马甲、爱心物资。

（二）组织人员

1. 教师：道德与法治课教师、爱心共建活动负责教师。

2. 家长：照顾学生日常生活的监护人。

（三）活动场地

1. 学校：各班所在教室。

2. 校外：爱心共建活动场地。

三、活动流程

第一步：以班级为单位统一乘大巴到达爱心共建活动场地。

第二步：布置活动场地。

第三步：向市民介绍活动主要内容和记录所捐赠的物品。

第四步：根据爱心方案对爱心小伙伴提供帮助。

第五步：爱心共建文艺表演。

第六步：活动总结。

四、活动评价

1. 坚持"学生参与即评价"的理念，通过活动的组织实施，学生认识到爱心共建的意义与重要性（学生在劳动日志中记录自己的收获与感受）；

2.（课外实践）围绕"爱心共建"活动主题，学生自主设计宣传单，展示分发给周围的朋友，鼓励他们共同参与"爱心共建"活动。

义务交通协管

一、活动目标

1. 愿意主动学习交通安全知识，能意识到交通安全的重要性；

2. 掌握交通安全知识，能对违反交通规则的行为进行劝导；

3. 增强自觉遵守法律法规、文明安全参与交通的意识和自我保护能力；

4. 养成文明出行的习惯。

二、活动准备

（一）教学资料

教学材料：志愿者马甲、帽子、手套、指示旗、喇叭、交通安全宣传单等。

（二）组织人员

1. 教师：班主任。

2. 校外人员：交通协管员。

（三）活动场地

校外：学校附近路口。

三、活动流程

第一步：将学生分为3组，每组包含组长1名、交通劝导员4名、交通指挥员5名、交通宣传员5～6名。

第二步：教师和交通协管员讲授交通安全相关知识。

第三步：组长带组员熟悉活动流程。

第四步：教师将学生带到活动路口。

第五步：学生分组行动，相互配合，教师和交通协管员协调、指导。

第六步：活动结束后教师和交通协管员进行总结。

四、活动评价

1. 坚持"学生参与即评价"的理念，通过活动的组织实施，学生掌握交通安全知识（学生在劳动日志中记录自己的劳动感受）；

2.（劳动展板）学生在教师的协助下用活动期间所拍摄的照片设计制作一块展板，展示在文化墙上。

六年级主题活动

修理草坪

一、活动目标

1. 学生愿意主动修剪草坪，能意识到自主劳动可以让生活更充实、更美好；

2. 了解修剪草坪的过程，初步掌握修剪草坪的方法；

3. 能正确安全使用剪草机等劳动工具，学习新技能；

4. 经历修剪草坪的过程，培养劳动兴趣，获得劳动成就感；

5. 形成不怕艰苦、尊重劳动、热爱劳动的优秀品质。

二、活动准备

（一）教学物资

教学材料：手套、水桶、铁钳、剪草机（需在教师的指导下使用）。

（二）组织人员

1. 教师：劳动课教师。

2. 学校职工：学校园丁。

（三）活动场地

学校：学校待修剪草坪。

三、活动流程

第一步：将学生分为4组，每组包含6～10名组员。

第二步：教师提前讲授修剪草坪的相关知识，介绍具体流程和方法。

第三步：教师将学生带到指定区域。

第四步：学校园丁进行演示，告知学生注意事项。

第五步：学生分区域对学校草坪进行修剪，每组都应有一名园丁或教师陪同作业。

第六步：修剪结束后，园丁对每一组负责区域进行检查，组长负责器材的回收。

四、活动评价

1.坚持"学生参与即评价"的理念，通过活动的组织实施，学生了解修剪草坪的过程，初步掌握修剪草坪的方法（学生在周记中记录自己的劳动感受）；

2.（课外实践）学生按照教师指示购买盆栽，利用所学技巧进行修剪。修剪后，盆栽可带至学校，装饰美化校园环境。

衣暖人心

一、活动目标

1.学生愿意主动捐赠衣物，能意识到帮助他人可以让生活更充实、更美好；

2.通过捐赠衣物活动，体验生活的艰辛，增强社会责任感；

3.培养乐于助人、无私奉献的优秀品质。

二、活动准备

（一）教学物资

教学材料：登记表、桌子、凳子、编织袋、宣传单、横幅、账本。

（二）组织人员

教师：班主任、爱心捐献活动负责教师。

（三）活动场地

学校：爱心捐赠活动指定场地。

三、活动流程

第一步：宣传人员到班级发放宣传单进行宣传，告知活动时间地点。

第二步：学生准备衣物，教师将学生带到活动指定场地。

第三步：学生捐赠衣物。

第四步：工作人员联系爱心机构将衣物拿走。

第五步：将捐赠人的信息进行整理，贴在学校公告栏。

四、活动评价

1.坚持"学生参与即评价"的理念，通过活动的组织实施，培养乐于助人、无私奉献的品质（围绕此次衣物捐献活动，学生制作手账记录活动经历和收获）；

2.（主题活动）学生写下此次捐献活动的心得体会，由学生、教师、家长一起给予评价。

爱心共建

一、活动目标

1.根据撰写的爱心方案，给爱心小伙伴提供帮助，体会帮助他人的快乐；

2.通过参与活动，提高沟通能力和团队协作能力；

3.熟悉爱心共建活动的环节与步骤，为之后参与活动打下基础；

4.获得帮助他人的成就感，培养爱心和乐于助人的精神。

二、活动准备

（一）教学资料

教学材料：横幅、相机、活动马甲、爱心物资。

（二）组织人员

1.教师：道德与法治课教师、爱心共建活动负责教师。

2. 家长：照顾学生日常生活的监护人。

（三）活动场地

1. 学校：各班所在教室。

2. 校外：爱心共建活动场地。

三、活动流程

第一步：以班级为单位统一乘大巴到达爱心共建活动场地。

第二步：布置活动场地。

第三步：向市民介绍活动主要内容并记录所捐赠的物品。

第四步：根据爱心方案对爱心小伙伴提供帮助。

第五步：爱心共建文艺表演。

第六步：活动总结。

四、活动评价

1. 坚持"学生参与即评价"的理念，通过活动的组织实施，学生体会到帮助他人的快乐，能主动帮助他人（学生在劳动日志中记录活动体验与感受）；

2.（文化周）围绕爱心共建活动组织成果展览（以活动照片展示为主），邀请家长、学校领导参观。